크레페의 **핑거스타일**
캐롤 기타 연주곡집

score♪

안녕하세요.

'말보다 큰 위로' 크레페입니다.

이렇게 캐롤 악보집으로 여러분들을 만나게 되어 무척 기쁘게 생각 합니다.

해마다 크리스마스가 되면 거리에는 어김없이 캐롤이 울려 퍼지고

추운 날씨에도 따뜻한 미소로 거리를 오가는 사람들을 보았습니다.

저 또한 거리를 누비며 많은 추억을 만들었습니다.

그리고 그 행복했던 기억들은 캐롤과 함께 언제나 제 가슴속에 남아 있습니다.

그 노래들을 기타라는 악기로 악보집을 출간하게 되었습니다.

이 책은 기타 핑거스타일 연주곡집 중 가장 낮은 난이도로 편곡되었습니다.

단순한 리듬 반주에서 벗어나 더욱 멋진 연주를 즐기기 위한 분들을 위한 책입니다.

캐롤 위주의 익숙한 곡들과 제가 좋아하는 겨울 노래들로 구성되어 있습니다.

편곡에 가장 중점을 둔 것은

첫째, 모두에게 익숙한 곡의 원래 멜로디를 해치지 않는 것,

둘째, 연주가 쉬우면서도 화음이 아름다울 것,

셋째. 기타 연주 실력 향상에 도움이 되는 것입니다.

음악은 어떤 순간에도 곁에 있어주는 우리의 다정한 친구입니다.

아무쪼록 여러분들의 감성을 채워주고 기타 실력 향상에도 도움이 되었으면 합니다.

이 책이 여러분의 크리스마스, 또 삶에 작은 기쁨이 된다면

저자로서 더 이상 바랄 것이 없을 것입니다.

차례

1. 고요한 밤 거룩한 밤

Silent Night Holy Night

J. Mohr 작사
F. X. Gruber 작곡

♩ = 75

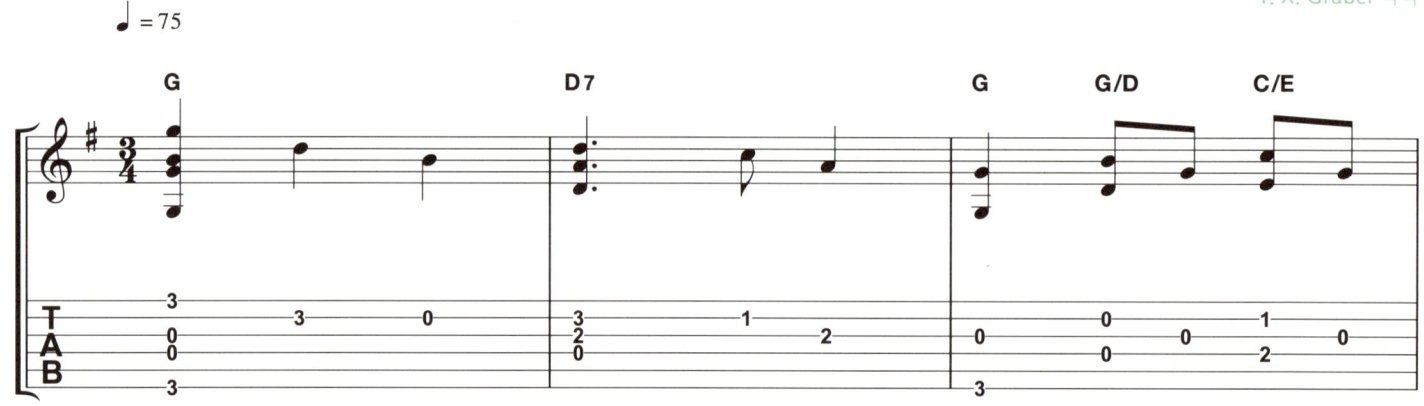

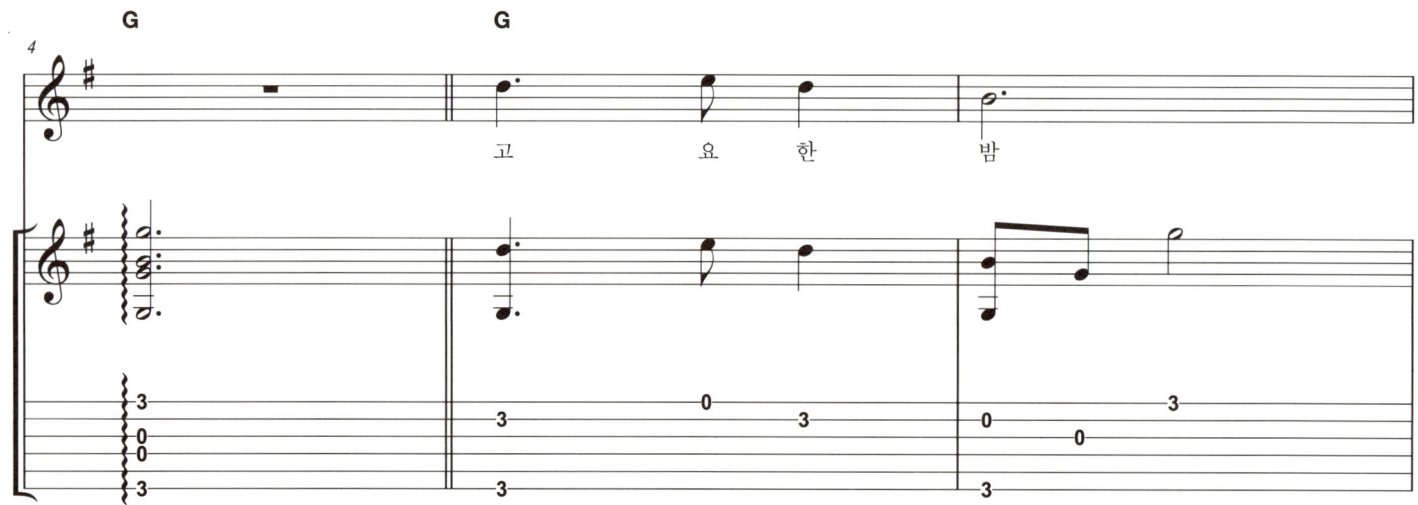

고 요 한 밤

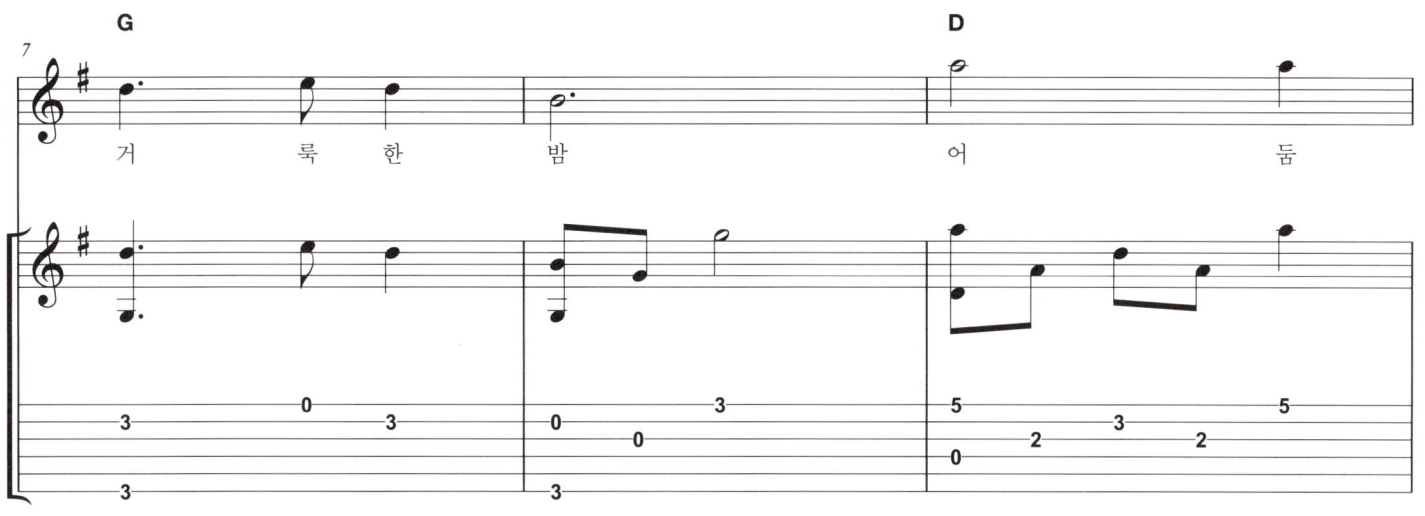

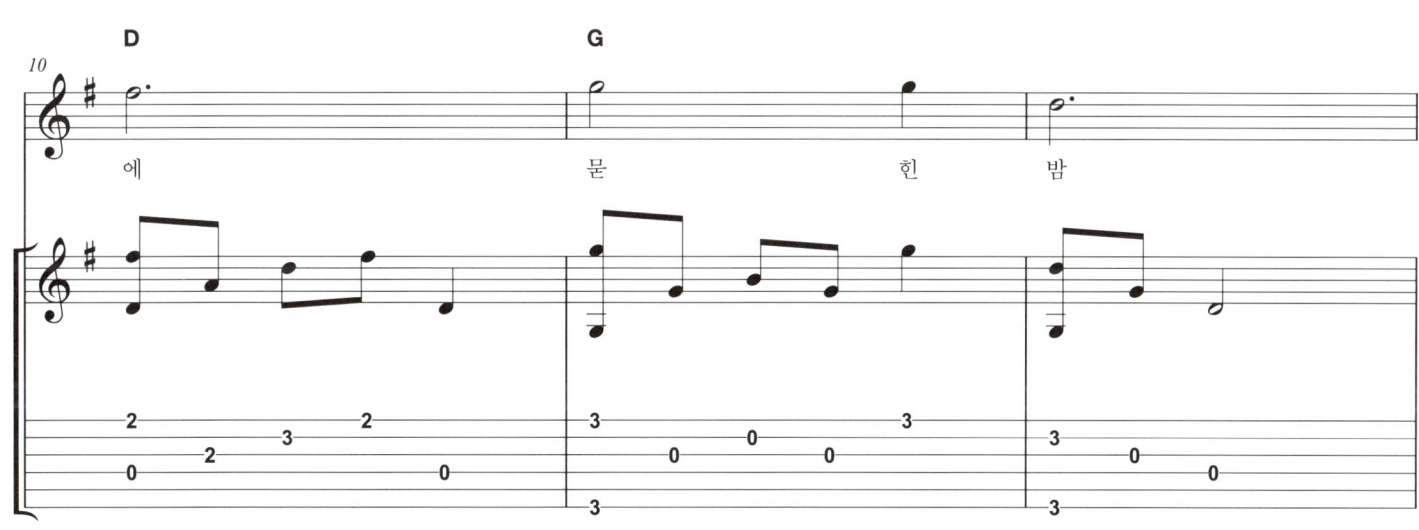

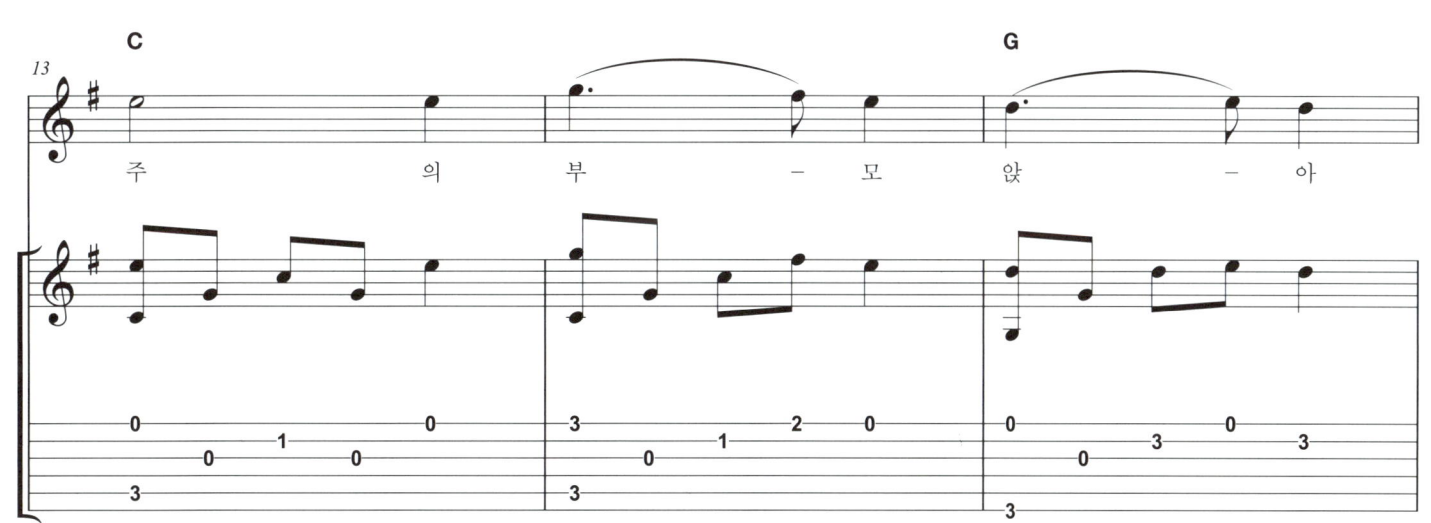

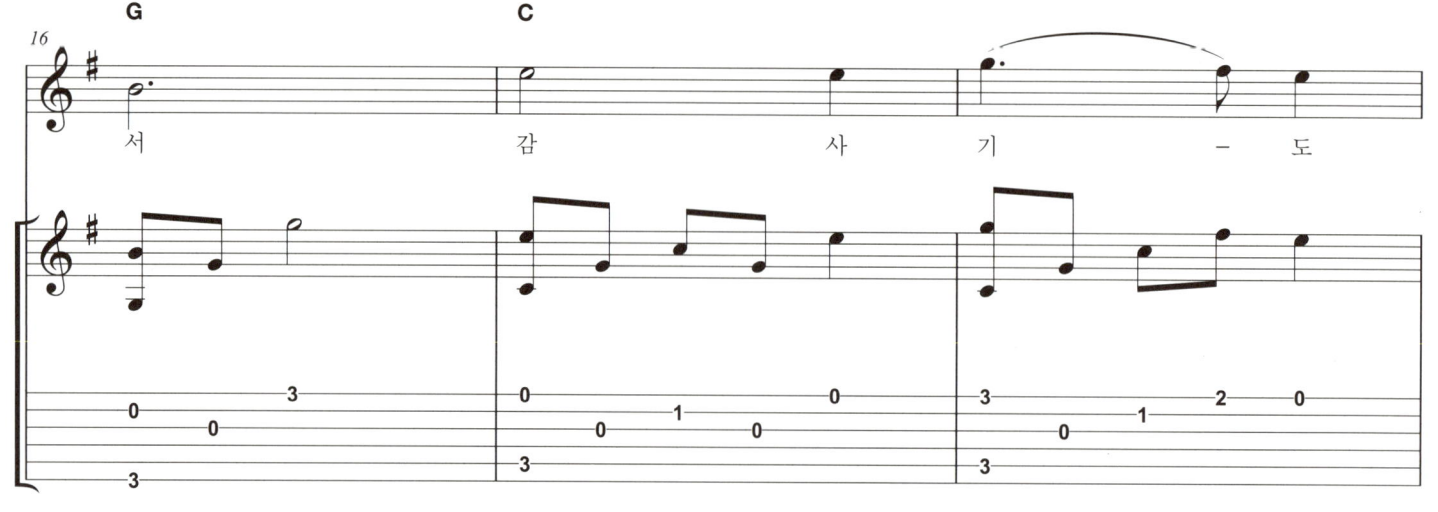

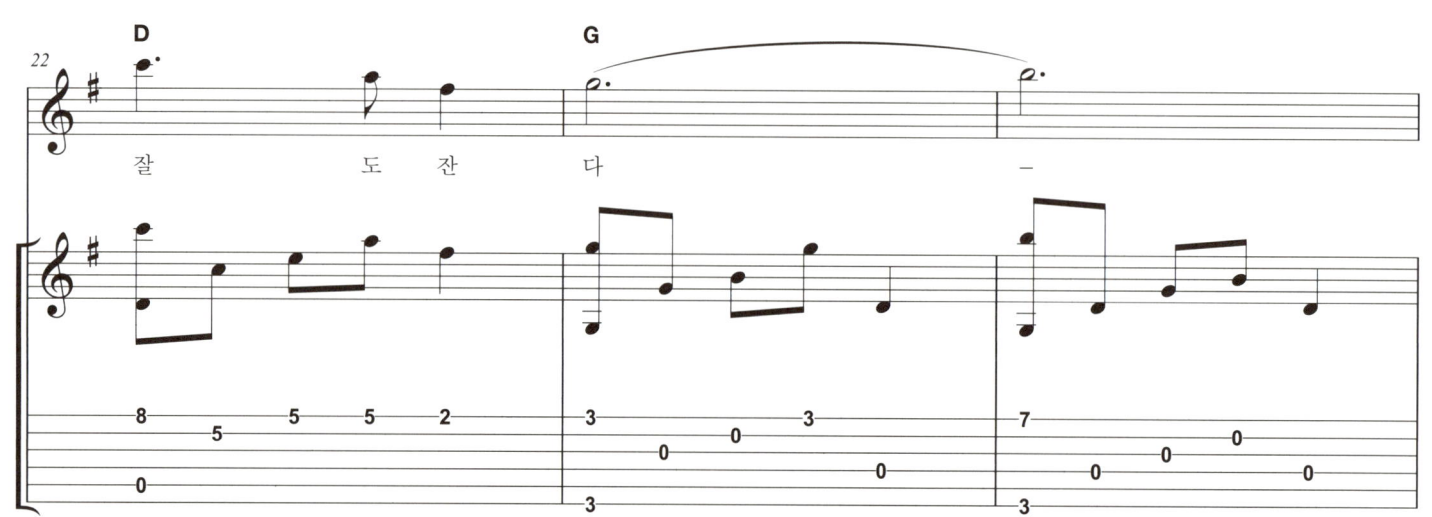

아 — 기 잘 도 잔 다

왕 — 이 나 셨 도

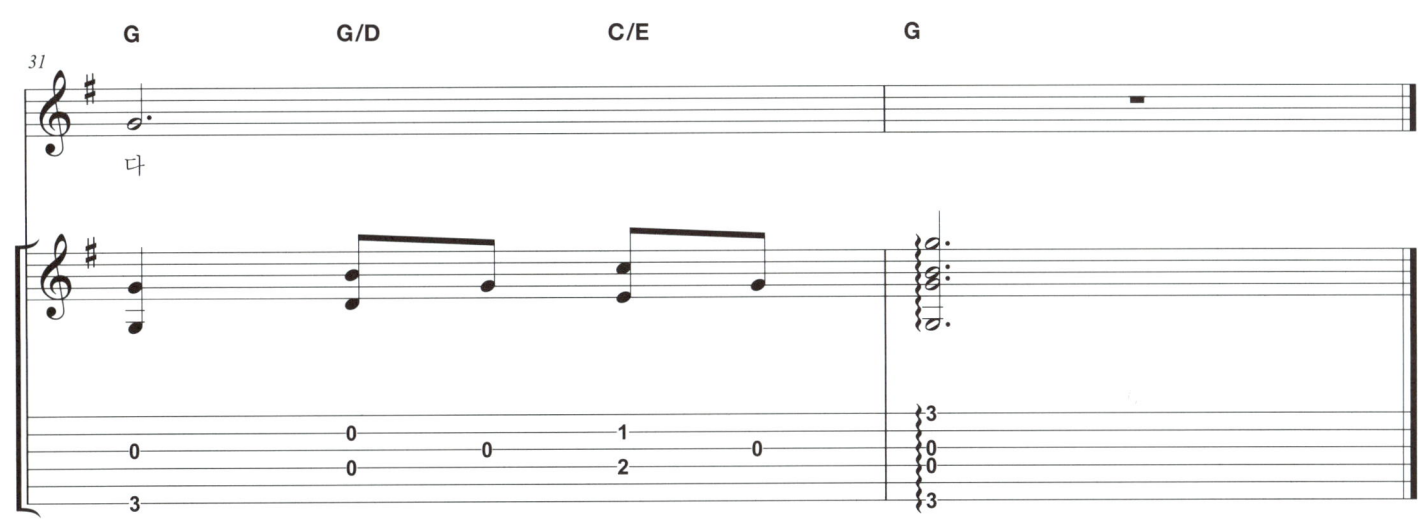

다

2. 창밖을 보라

Look Out The Window

L. Porter, M. Tableporter 작사
L. Porter, M. Tableporter 작곡

창 밖 을 보라 창 밖 을 보라 흰 눈 이 내 린 다

D   G

창 밖 을 보라   창 밖 을 보 라   찬 겨 울 이 왔 다

G   D

썰 매 를 타 는   어 린 애 들 은   해 가 는 줄 도 모 르 고

D

눈 길 위 에 다   썰 매 를 깔 고   즐 겁 게 달 린

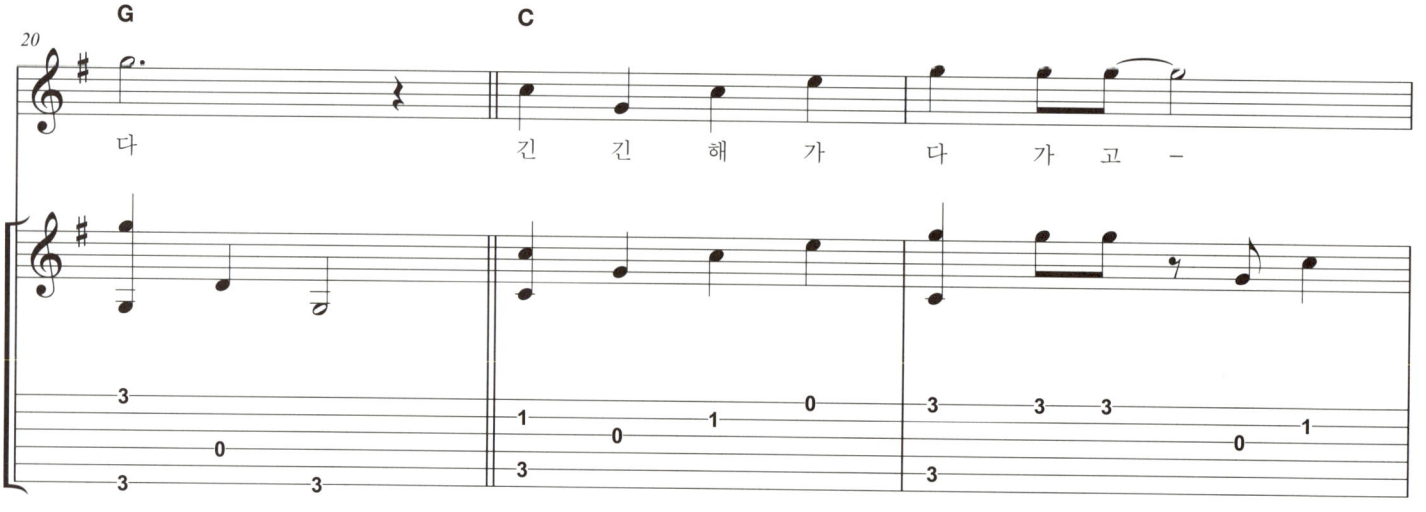

다 / 긴 긴 해 가 다 가 고 —

어 둠 이 오 면 / 오 색 빛 이

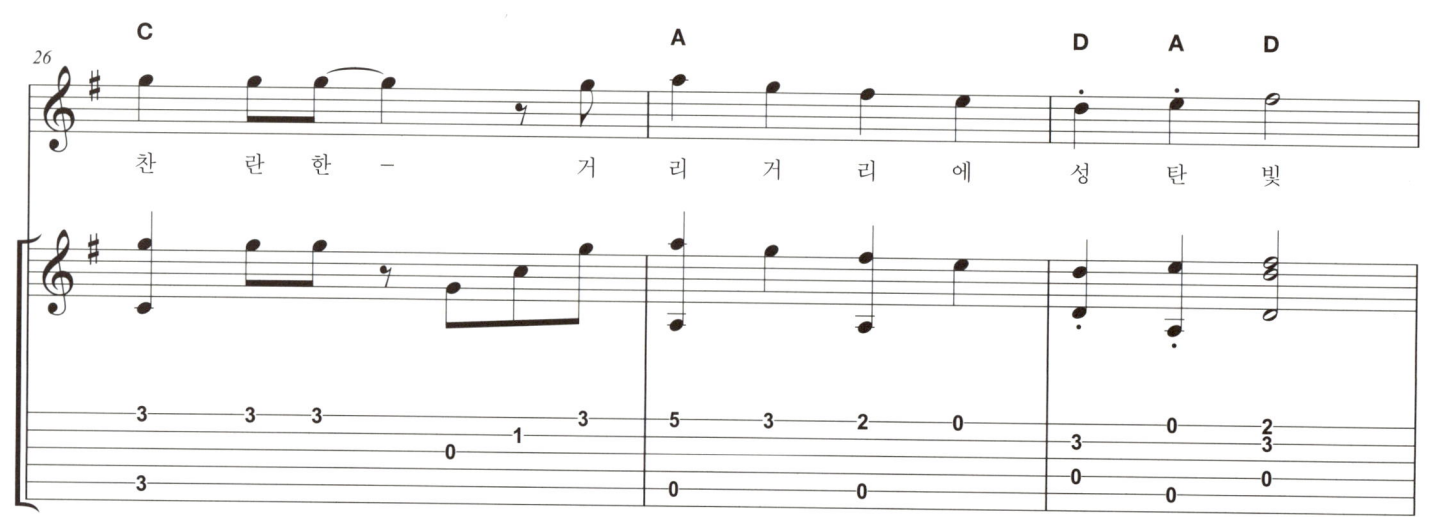

찬 란 한 — 거 리 거 리 에 성 탄 빛

추운 겨울이 다가 기전에 마음껏즐기

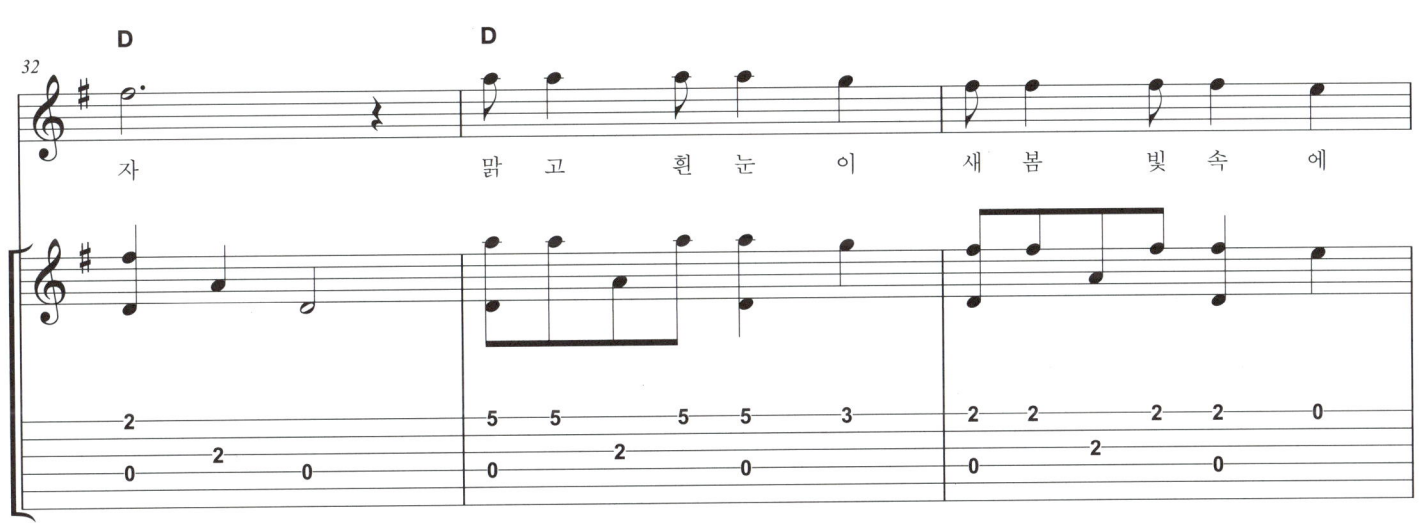

자 맑고 흰 눈이 새봄 빛속에

사 라 지 기 전 에

3. 기쁘다 구주 오셨네
Joy To The World

I. Watts 작사
G. F. Handel 작곡

기 쁘 다

구 주 오 셨 네 만 백 성 맞 아

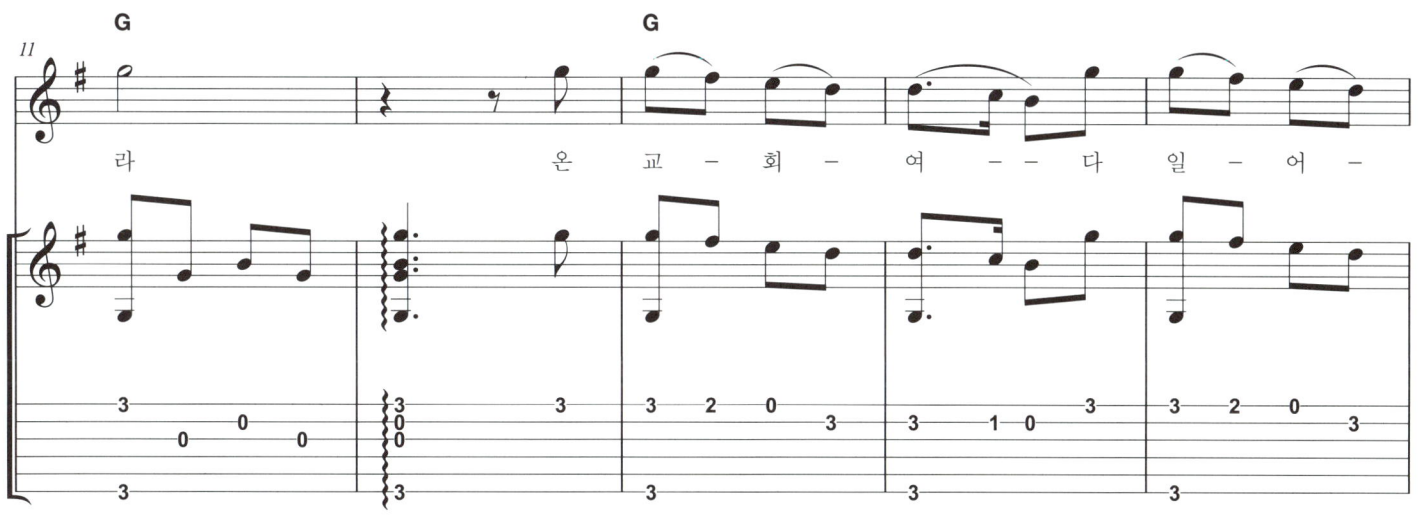

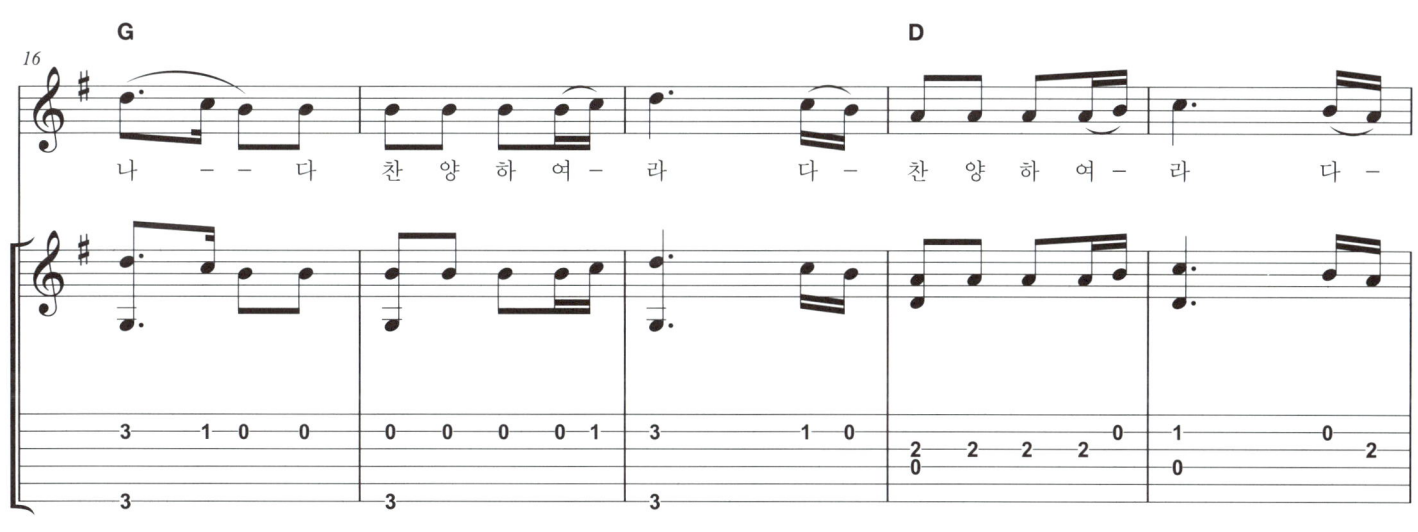

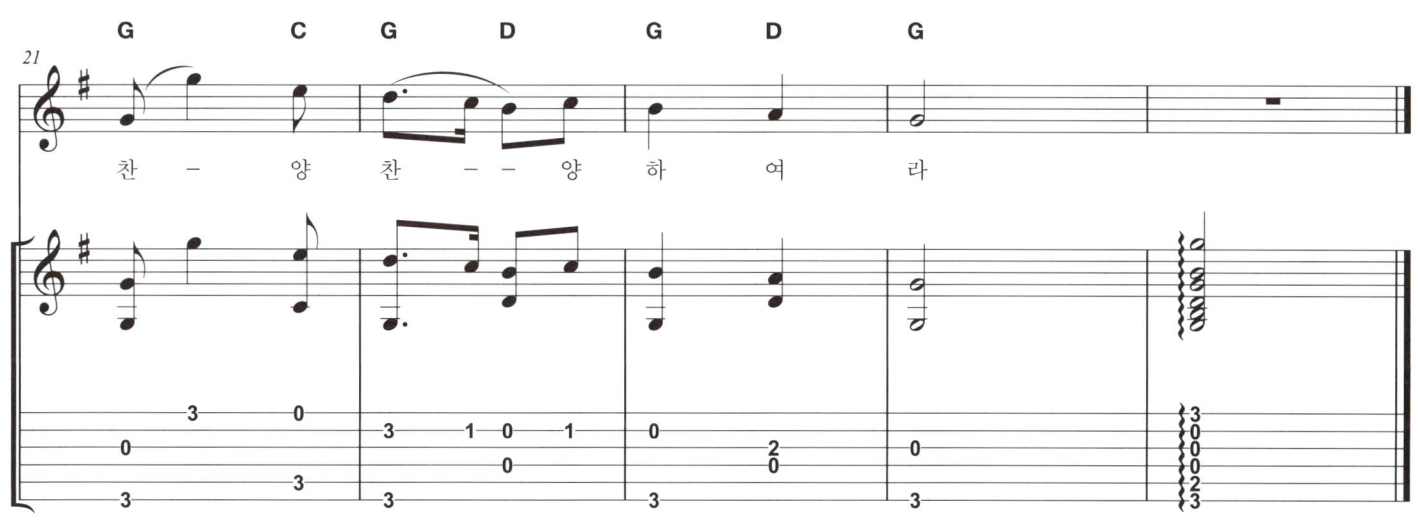

4. 저 들밖에 한밤중에
The First Noel

Traditional English Carol

♩ = 65

저 – 들 – 밖 – 에 　 한 – 밤 – 중 에 　 양 –

틈 – 에 자 – 던 목 – 자 들 　 천 – 사 들 –

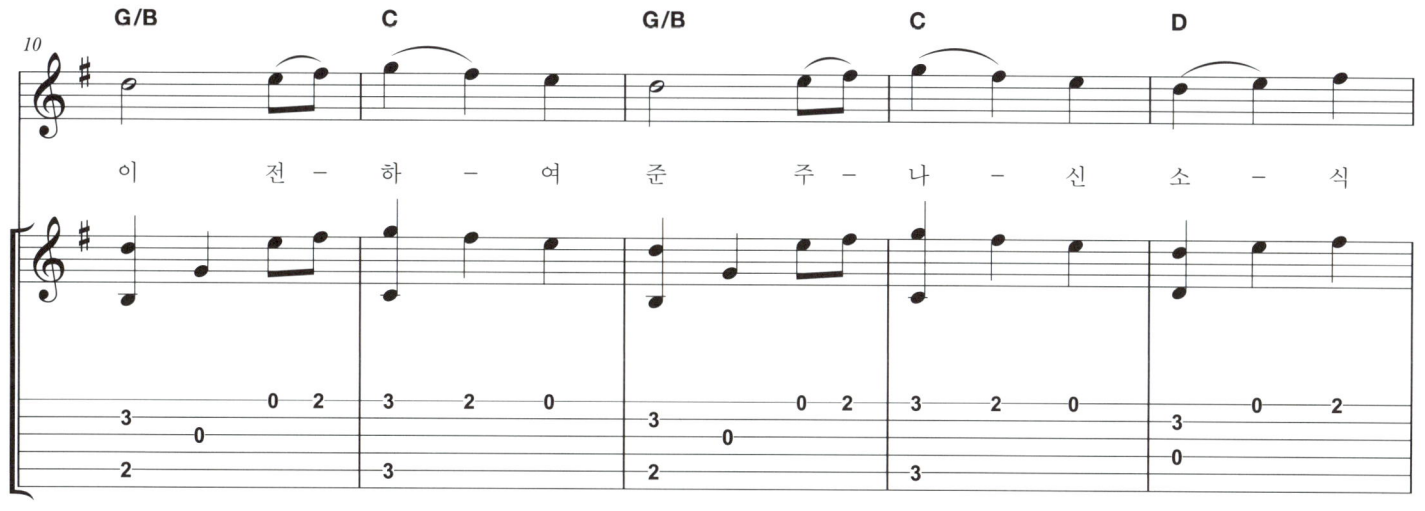

5. 징글벨

Jingle Bells

James Piepont 작사
James Piepont 작곡

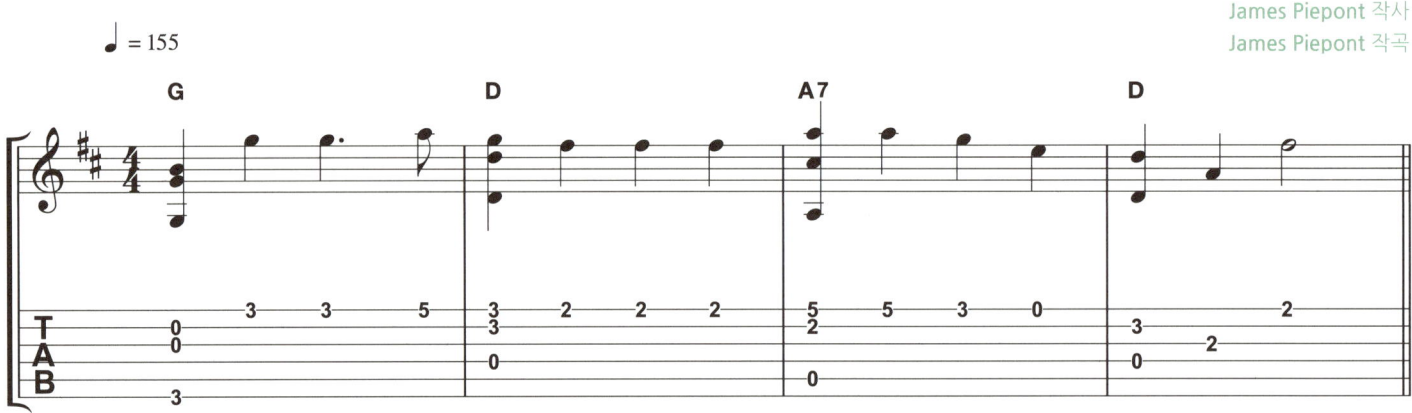

흰 눈 사 이 로   썰 매 를 타 고

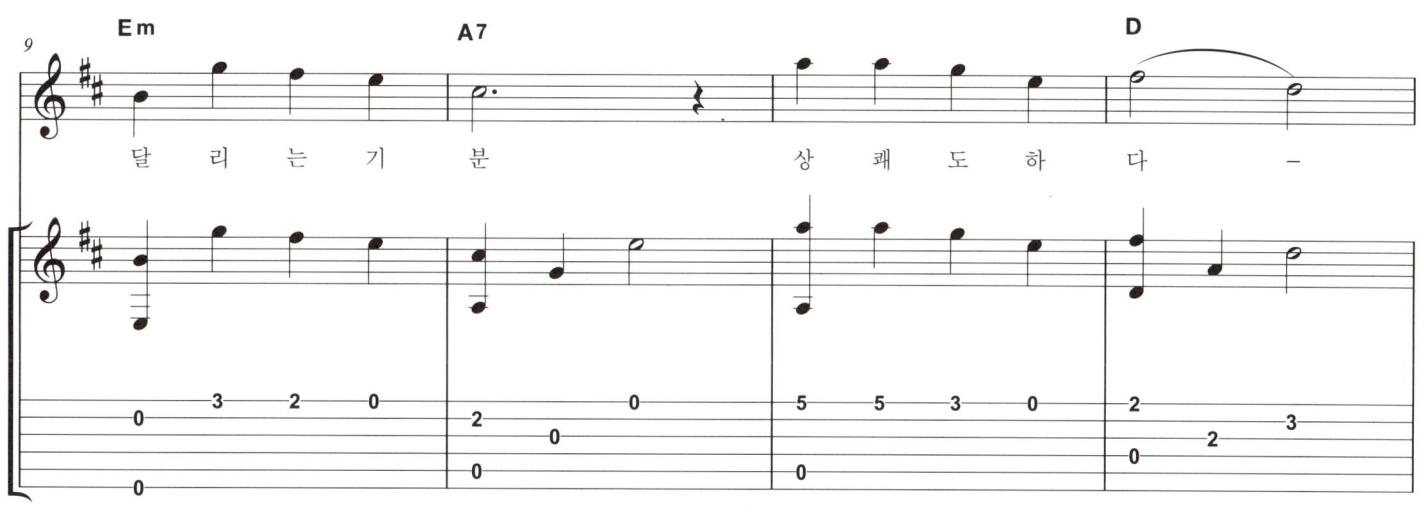

달 리 는 기 분　　상 쾌 도 하 다 —

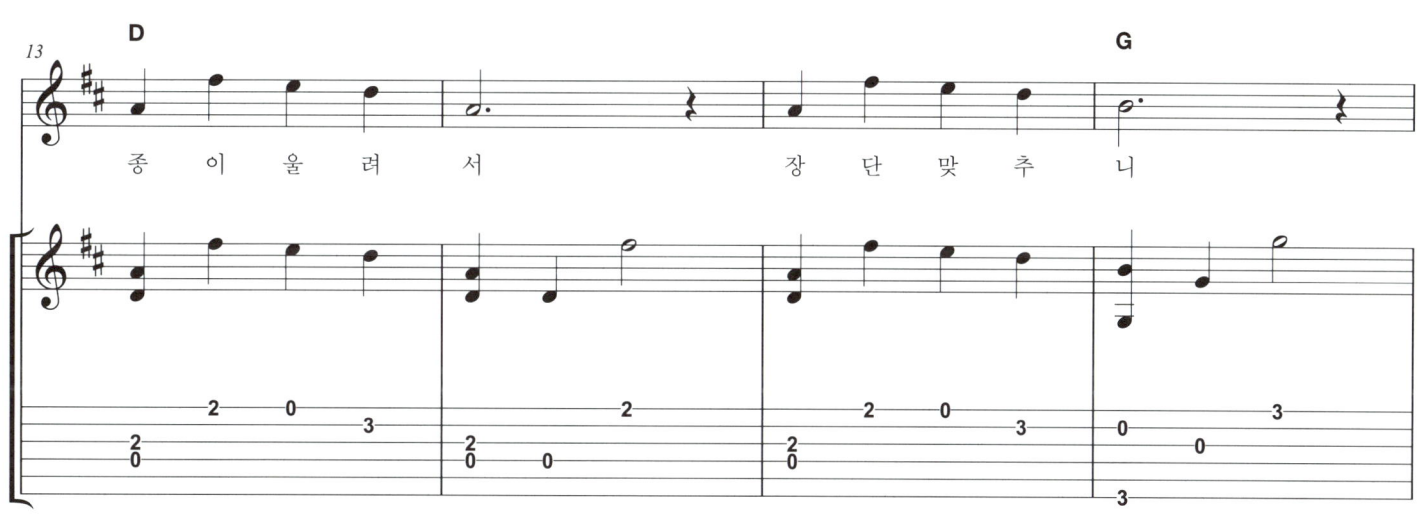

종 이 울 려 서　　장 단 맞 추 니

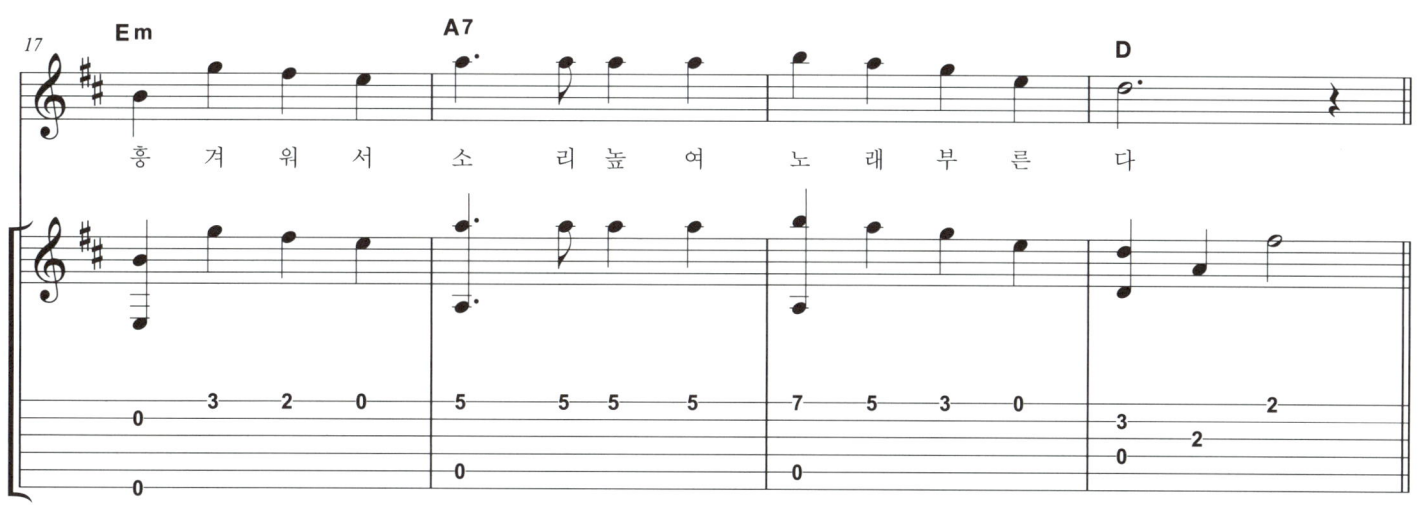

흥 겨 워 서 소 리 높 여 노 래 부 른 다

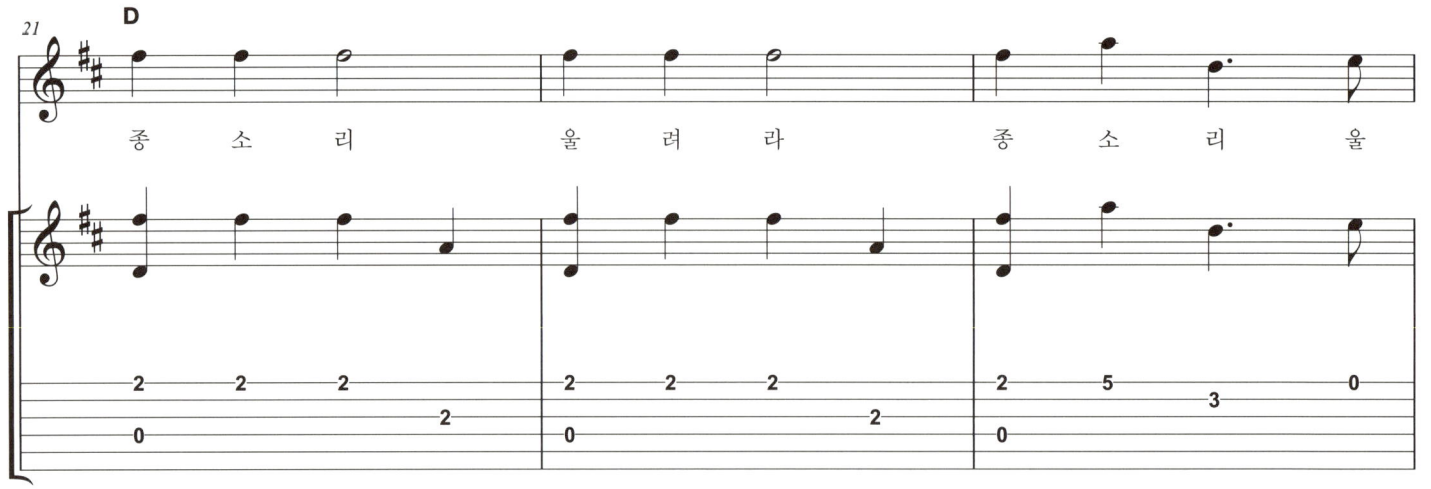

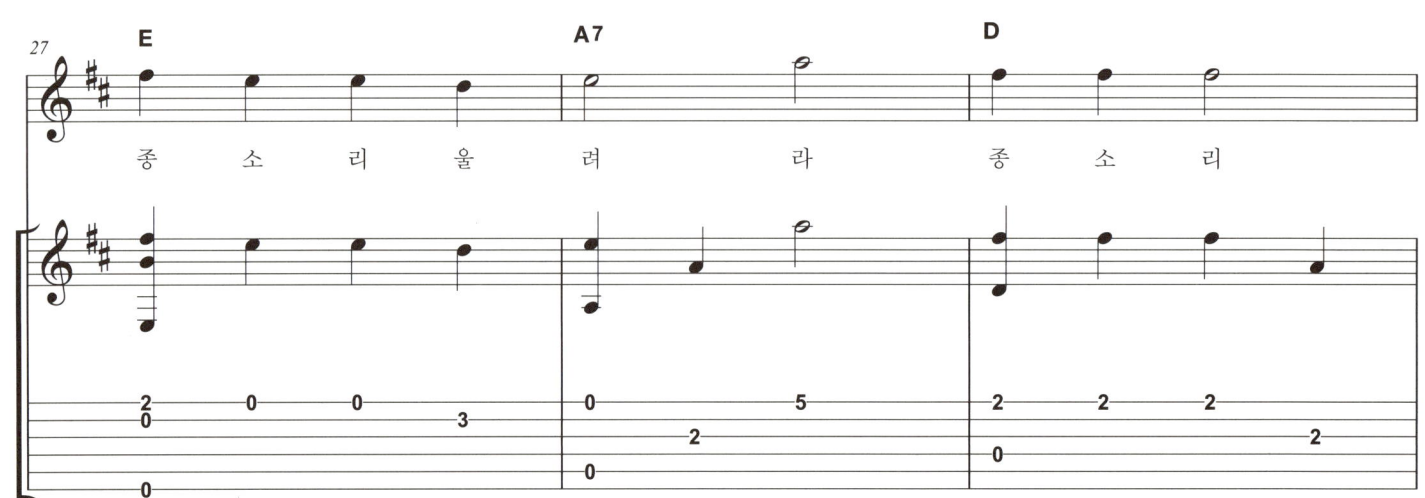

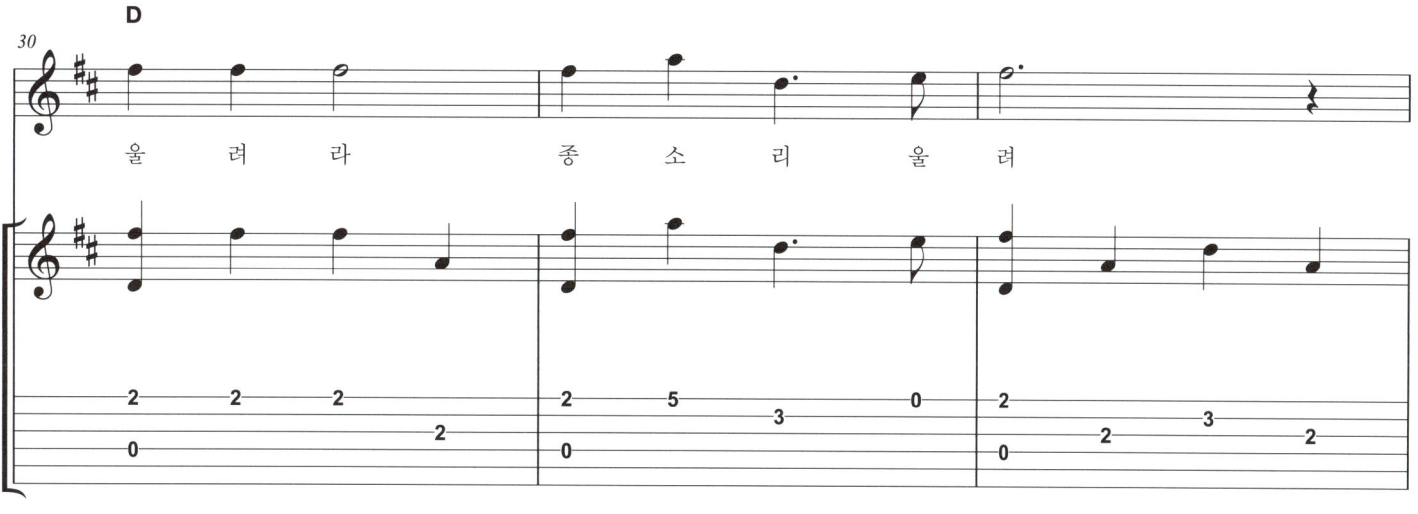

울 려 라 종 소 리 울 려

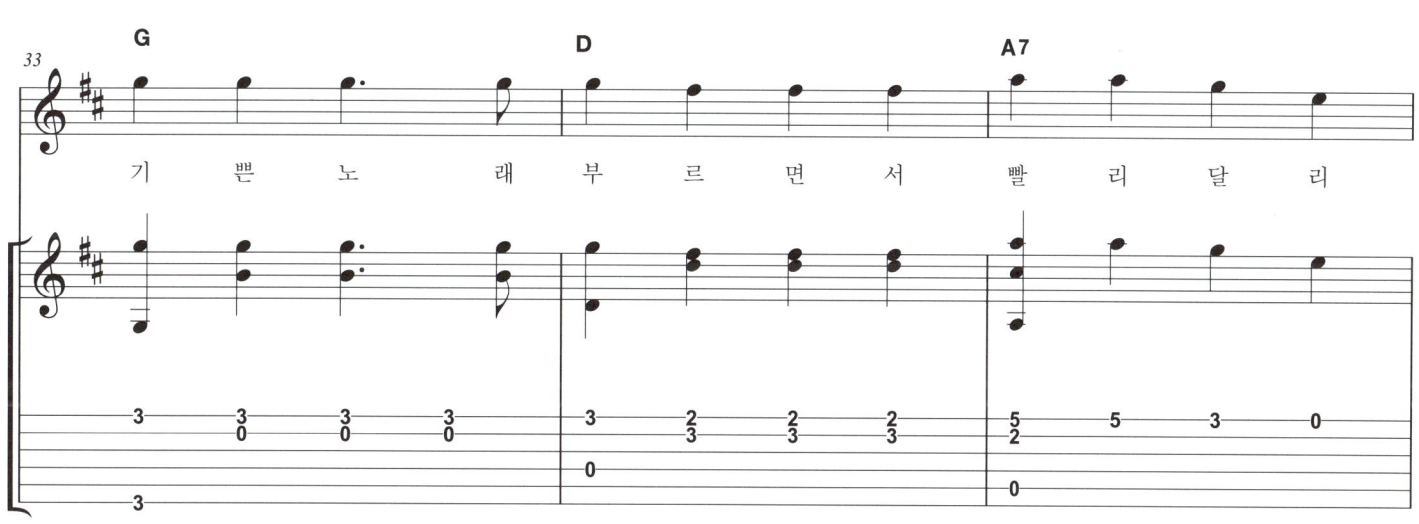

기 쁜 노 래 부 르 면 서 빨 리 달 리

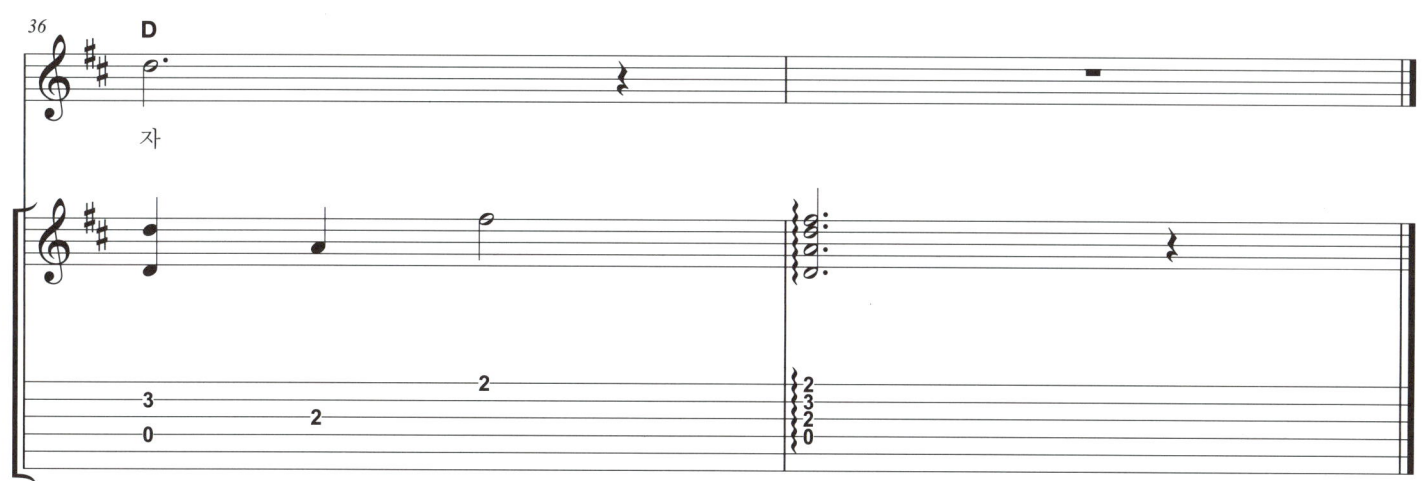

자

6. 그 어린 주 예수

Away In A Manger

J. T. Mcfaland 작사
C. H. Gabriel 작곡

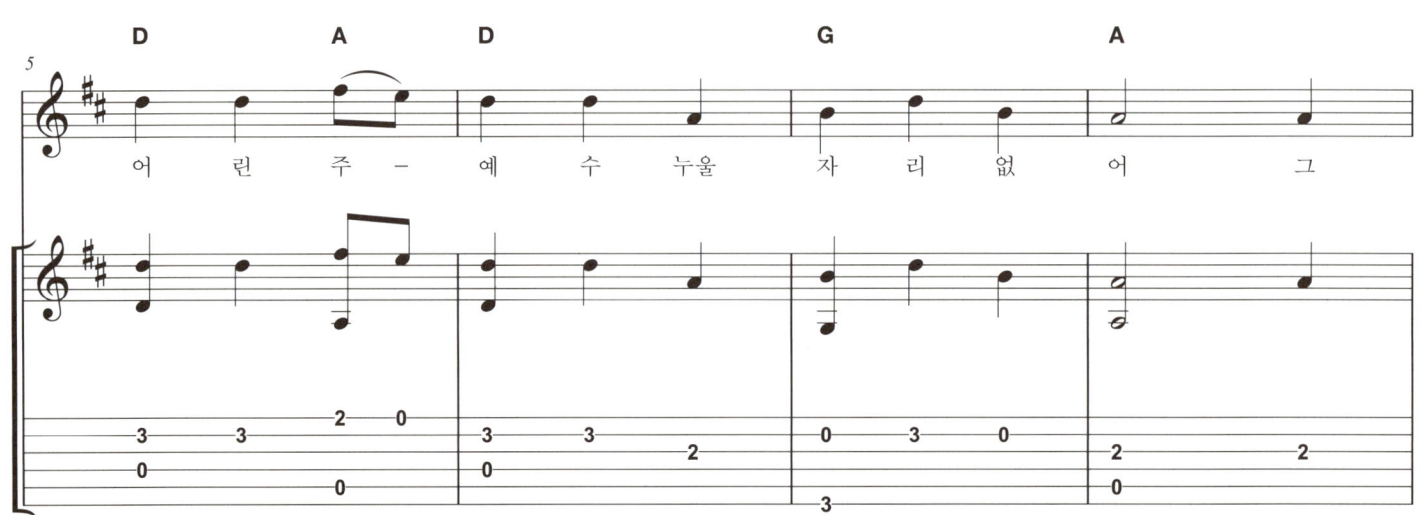

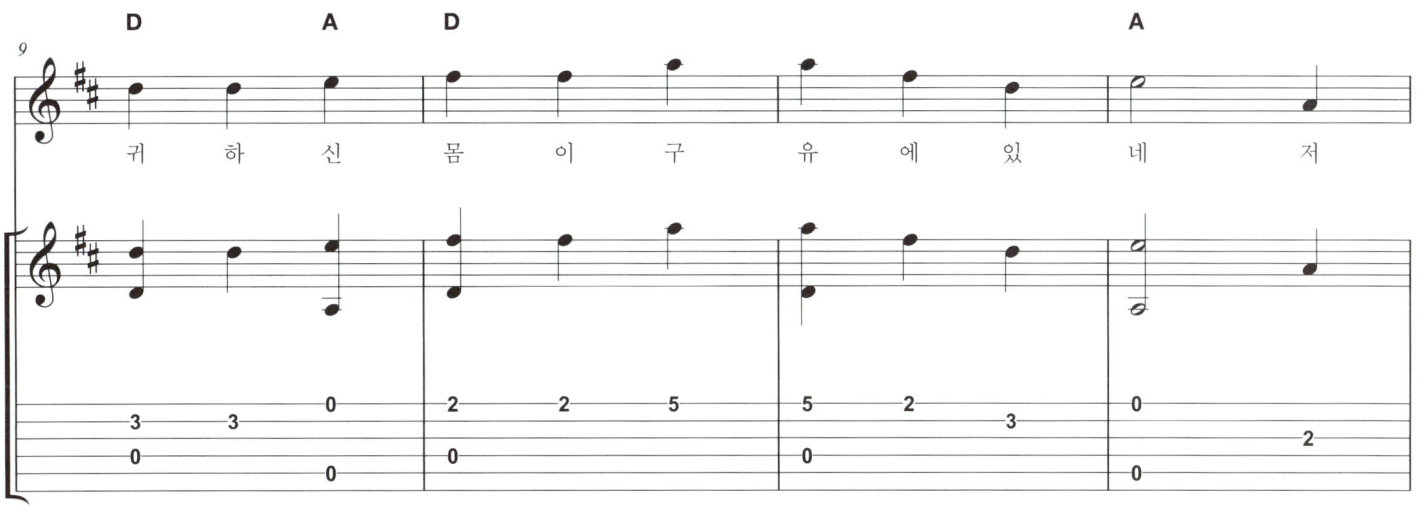

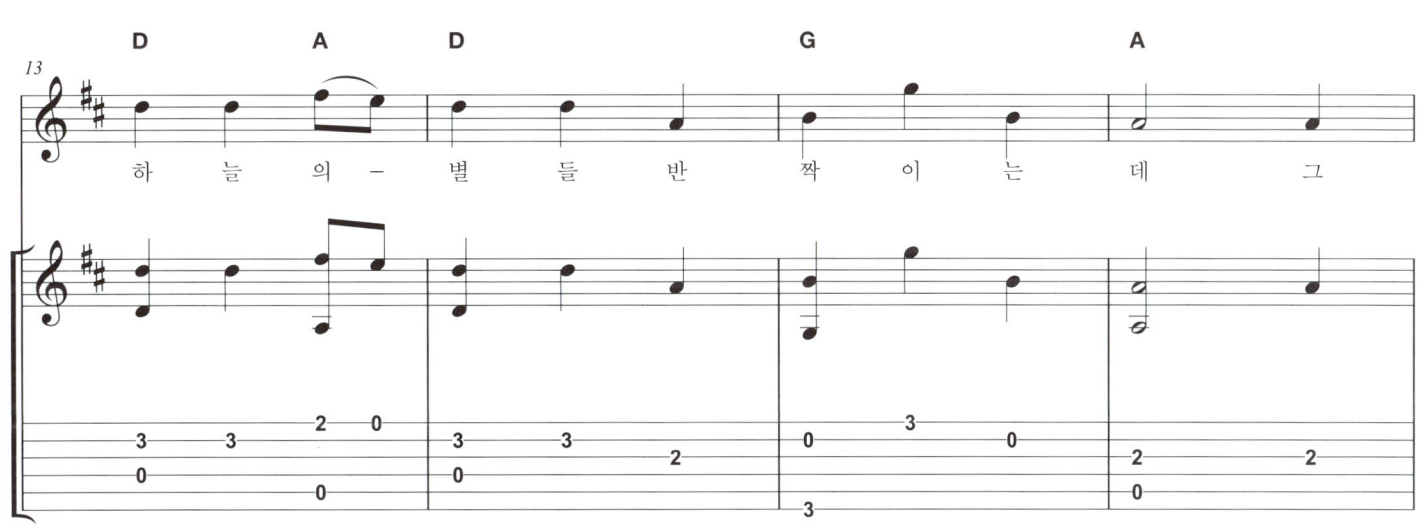

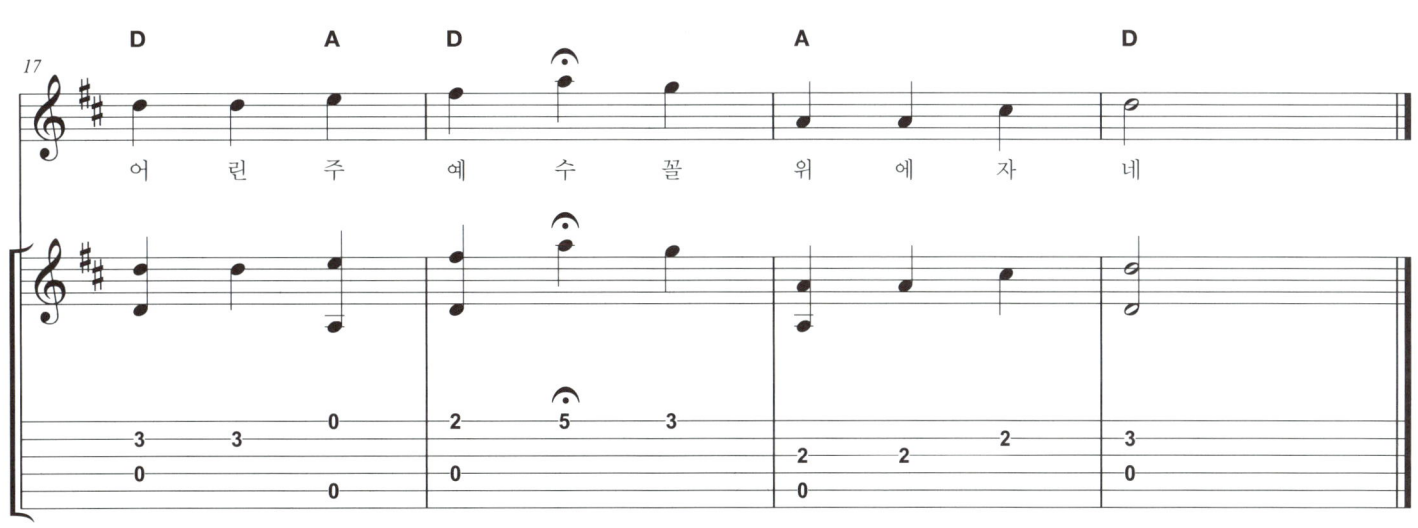

7. 울면 안 돼

Santa Claus Is Coming To Town

Haven Gillespie 작사
John Frederick Coots 작곡

♩ = 135

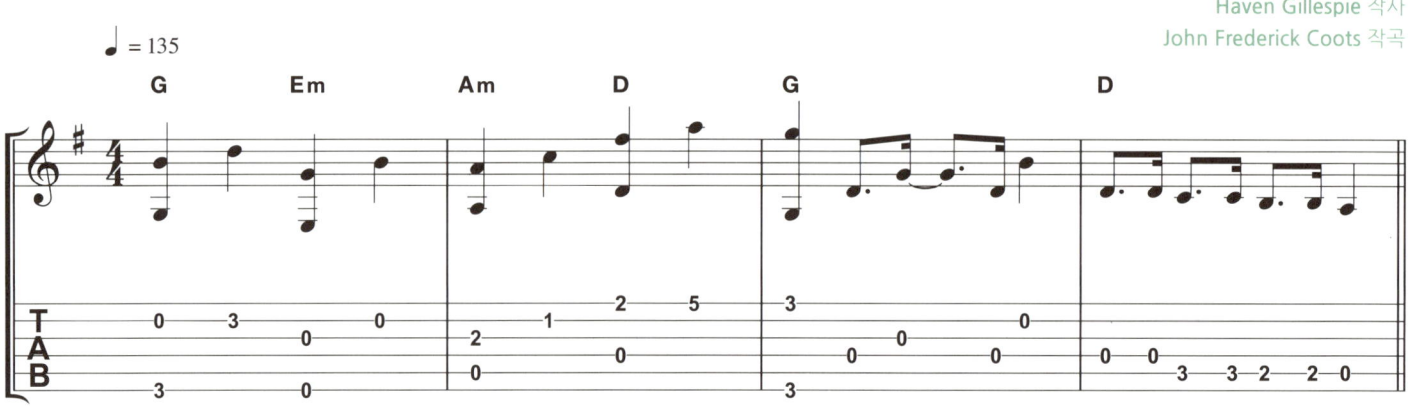

울 면 안 돼 　 울 면 안 돼 　 산 타 할 아 버 지 는 　 우 는 아 이 에 겐

선 물 을 안 주 신 데 요

산 타 할 아 버 지 는 알 고 계 신 데 누 가 착 한 앤 지 나 쁜 앤 지

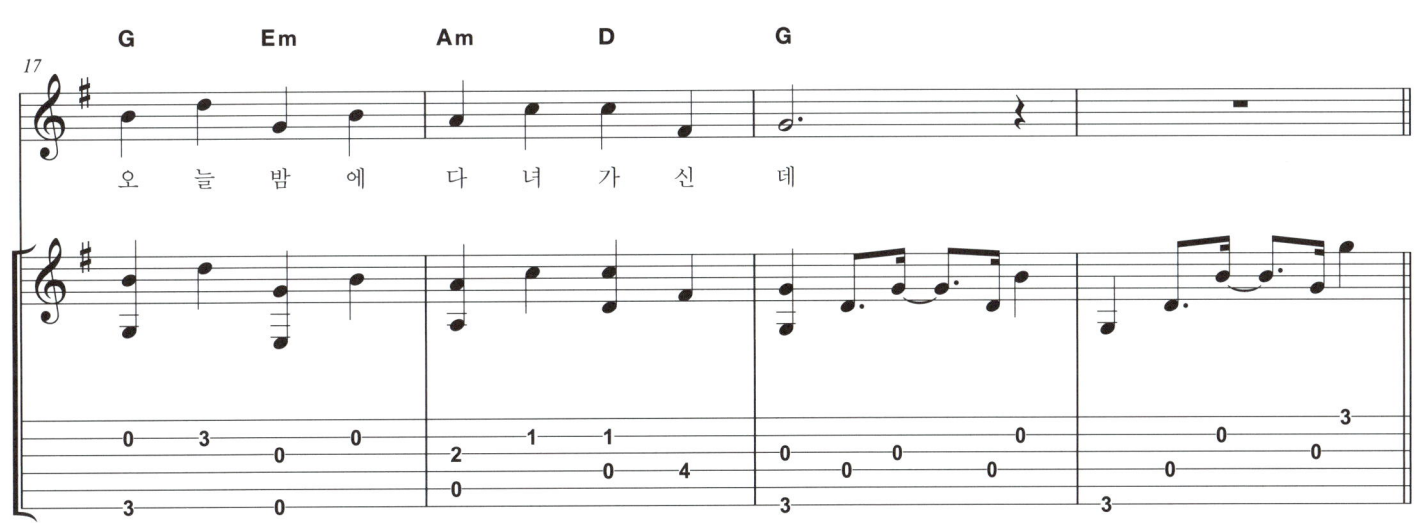

오 늘 밤 에 다 녀 가 신 데

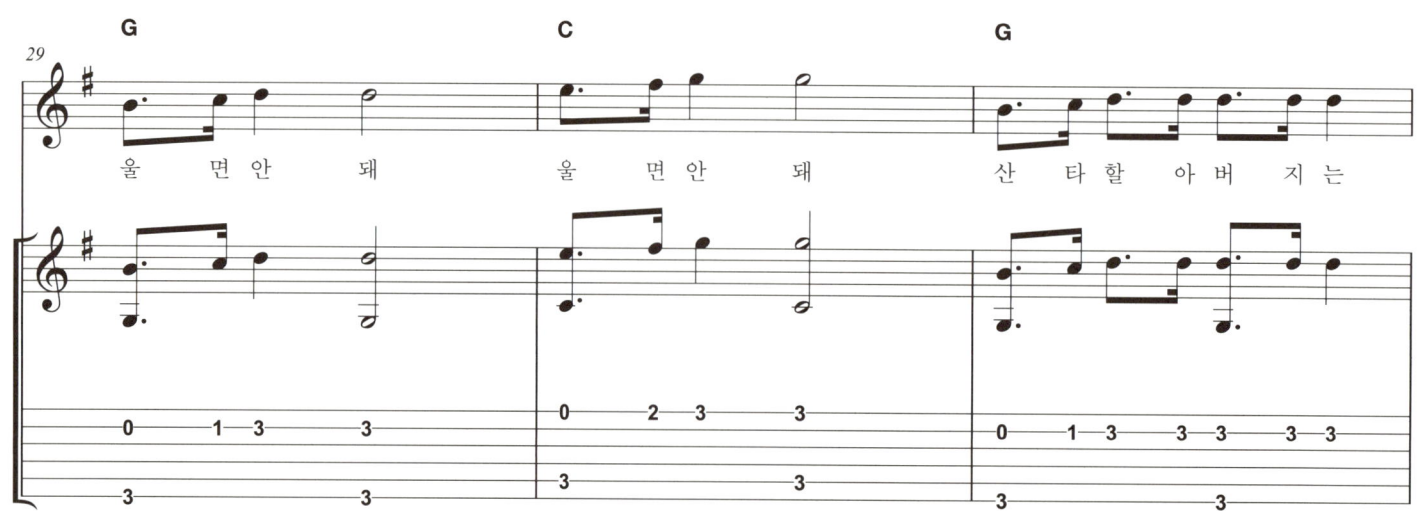

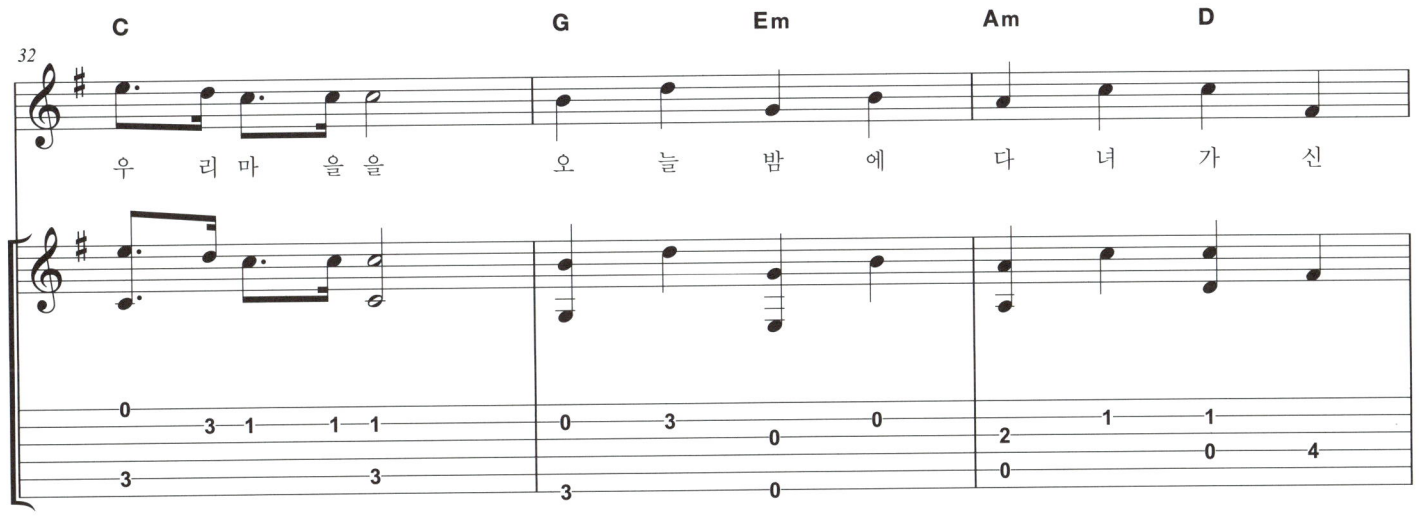

우 리 마 을 을   오 늘 밤 에 다 녀 가 신

대   오 늘 밤 에

다 녀 가 신 대

8. 실버벨

Silver Bells

Jay Libingston, Ray Evans 작사
Jay Libingston, Ray Evans 작곡

♩ = 76

거 리 마 다 　 오 고 가 　 는 　 많 은

사 ─ 람 들 　 웃 ─ 으 며 기

다 리 는 크리스 마스 - 아 이

들 도 노 인 들 도 은 종 을 만 들

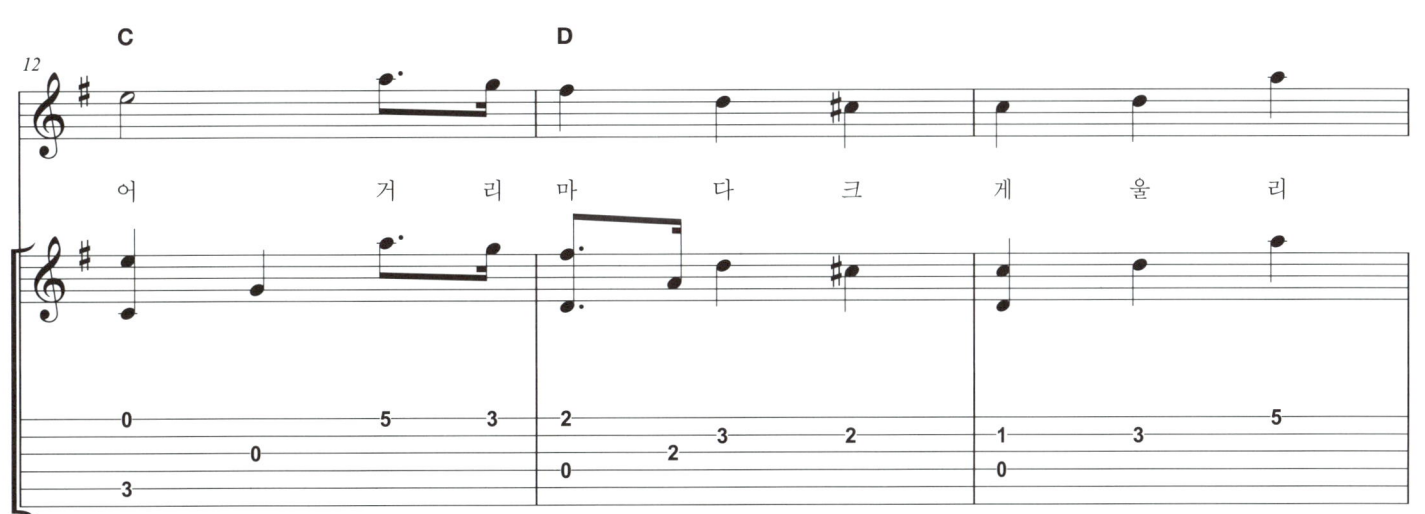

어 거 리 마 다 크 게 울 리

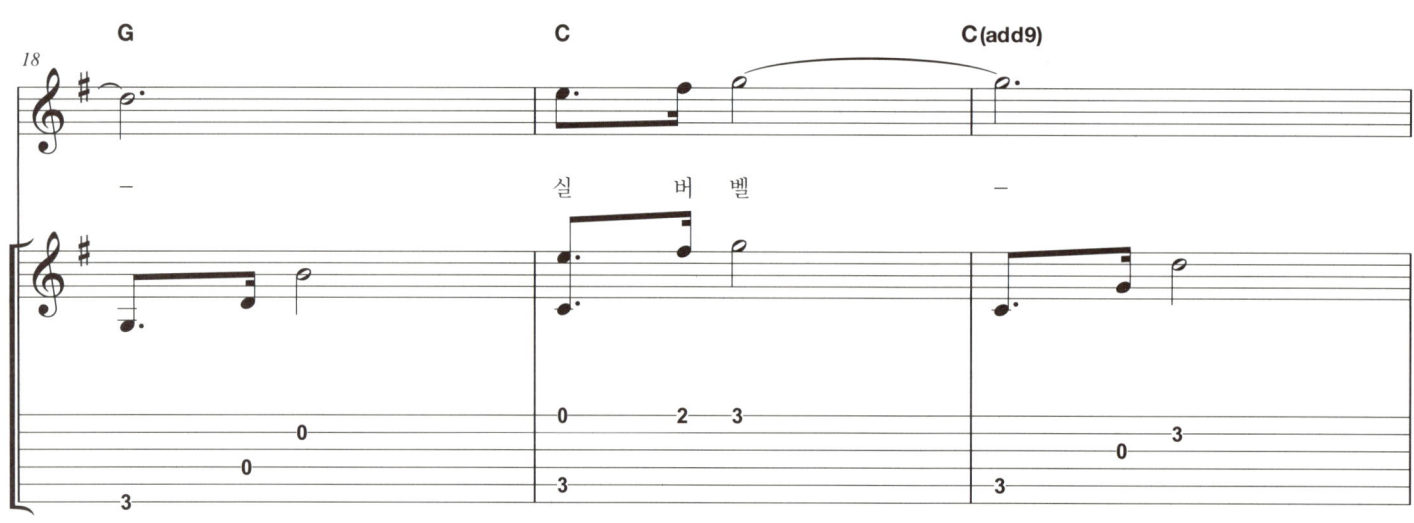

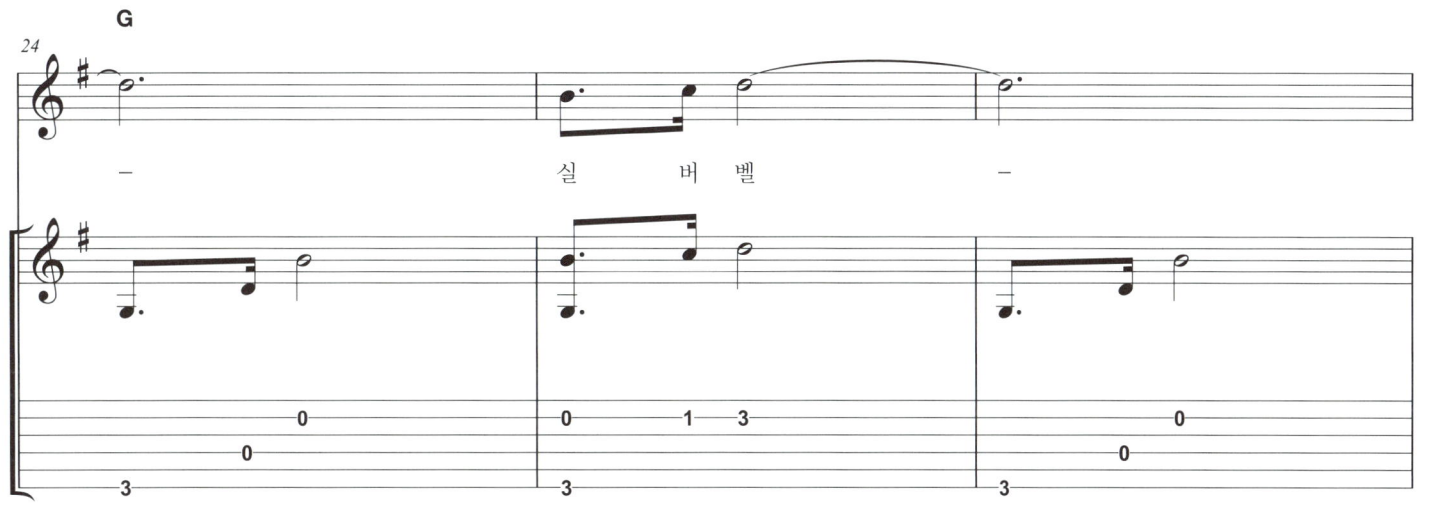

실 버 벨 –

실 버 벨 – 크리스 마 스

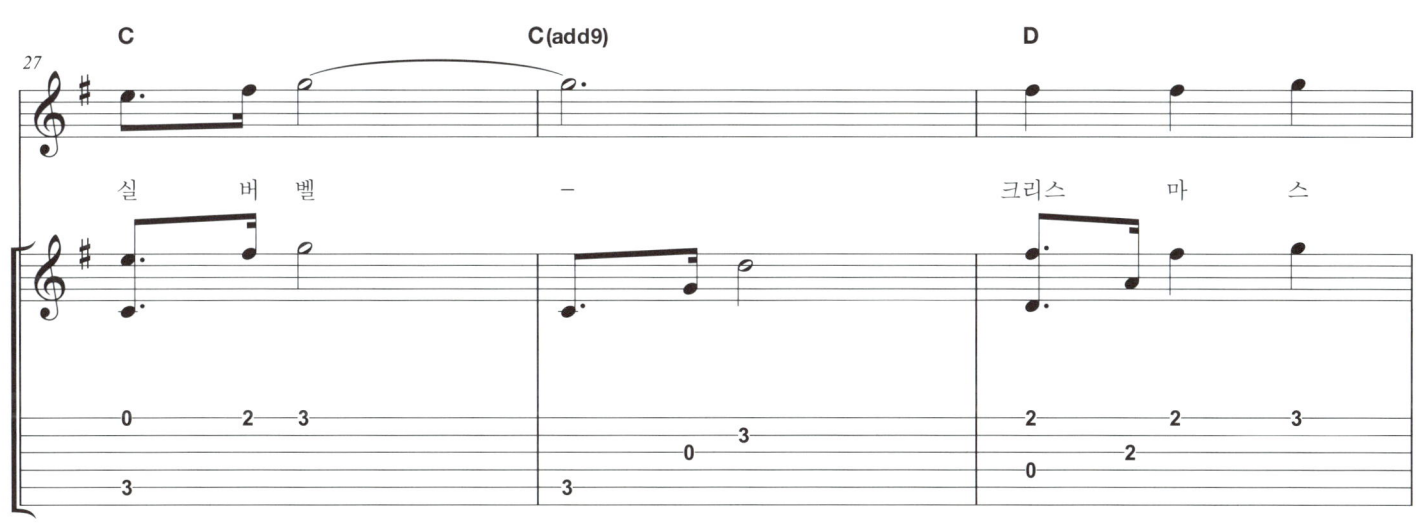

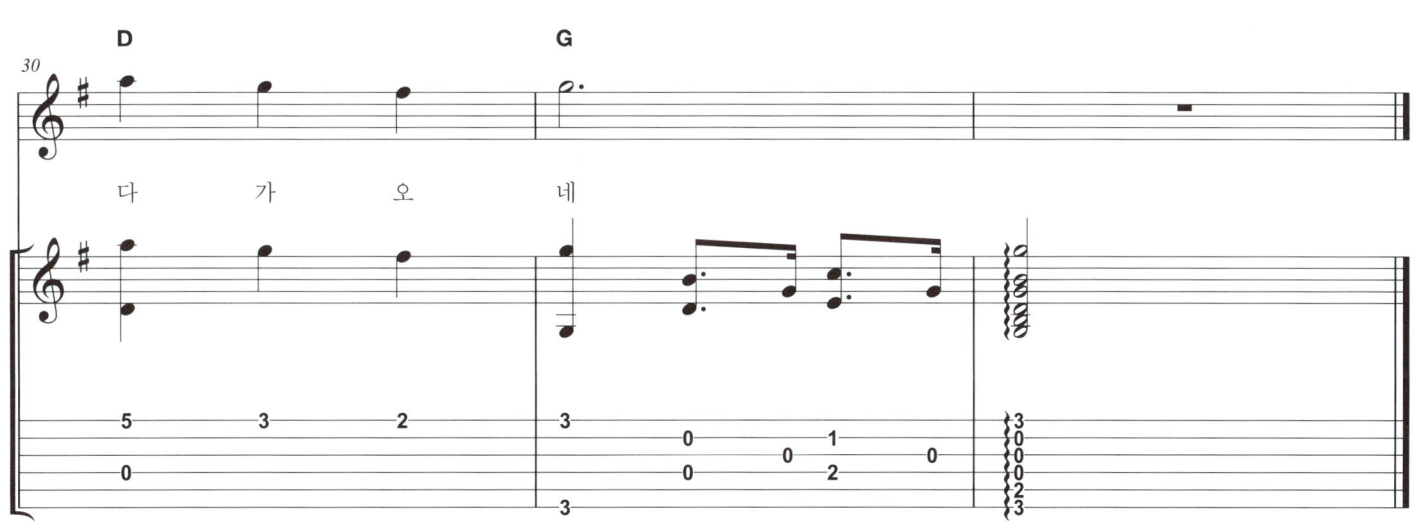

다 가 오 네

English Folk Song

♩ = 125

We wish you a Me-rry Christ-mas we wish you a Me-rry

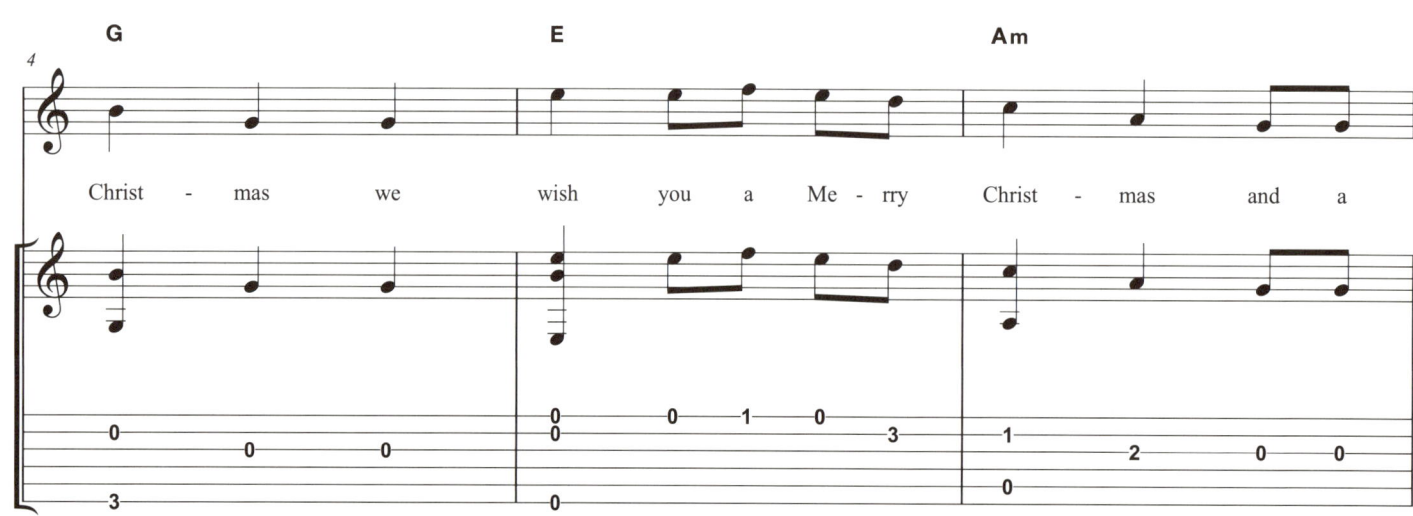

Christ-mas we wish you a Me-rry Christ-mas and a

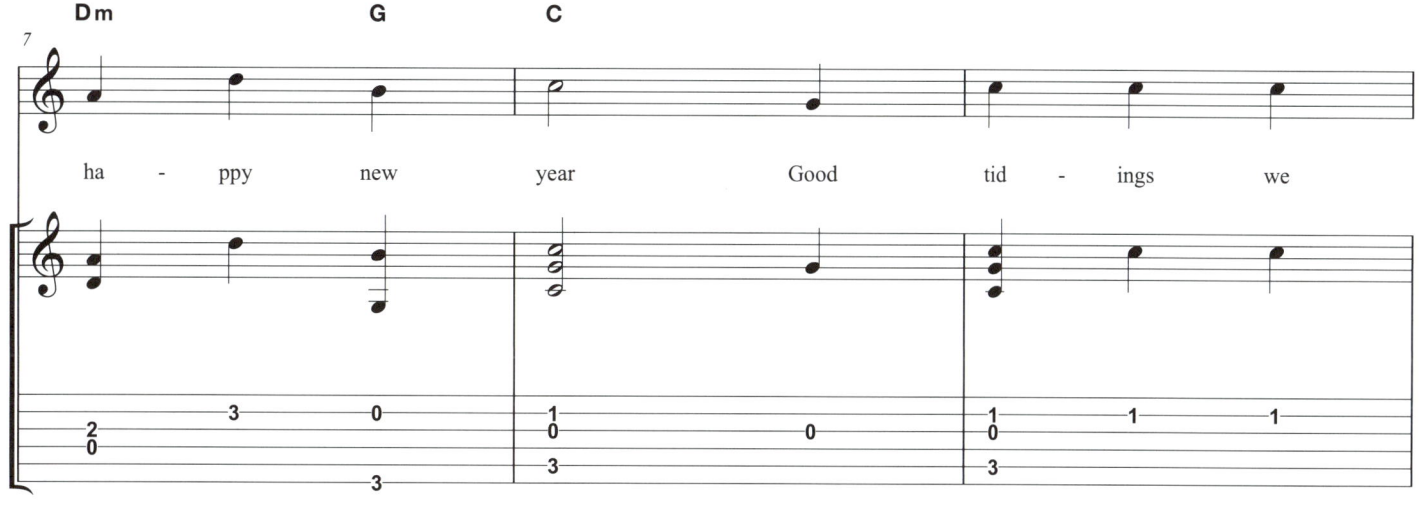

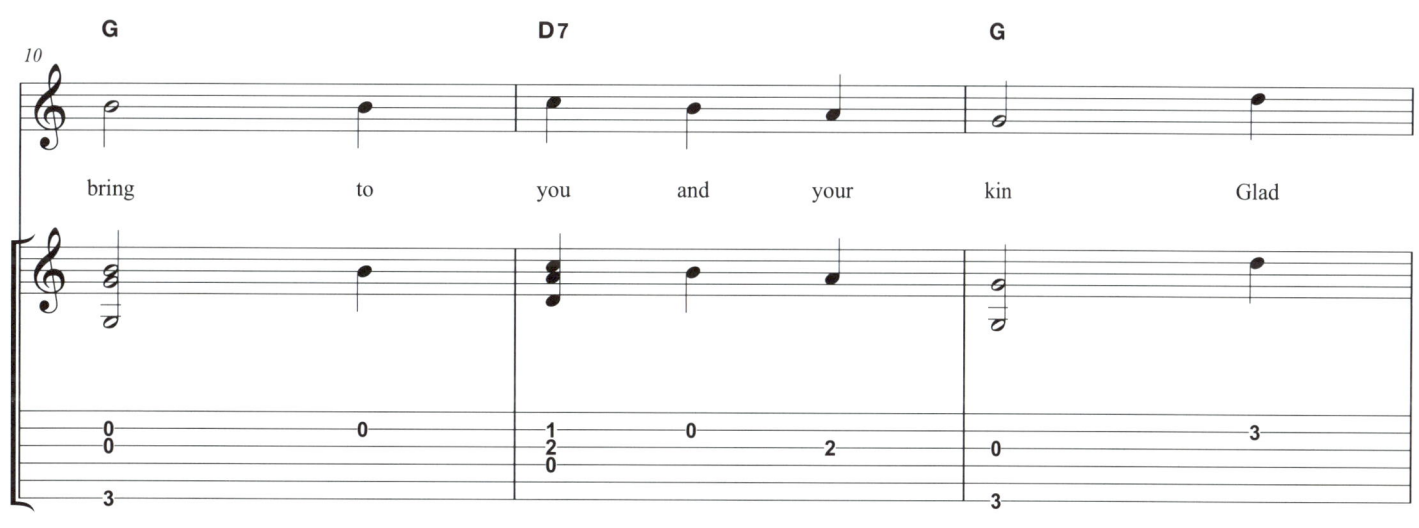

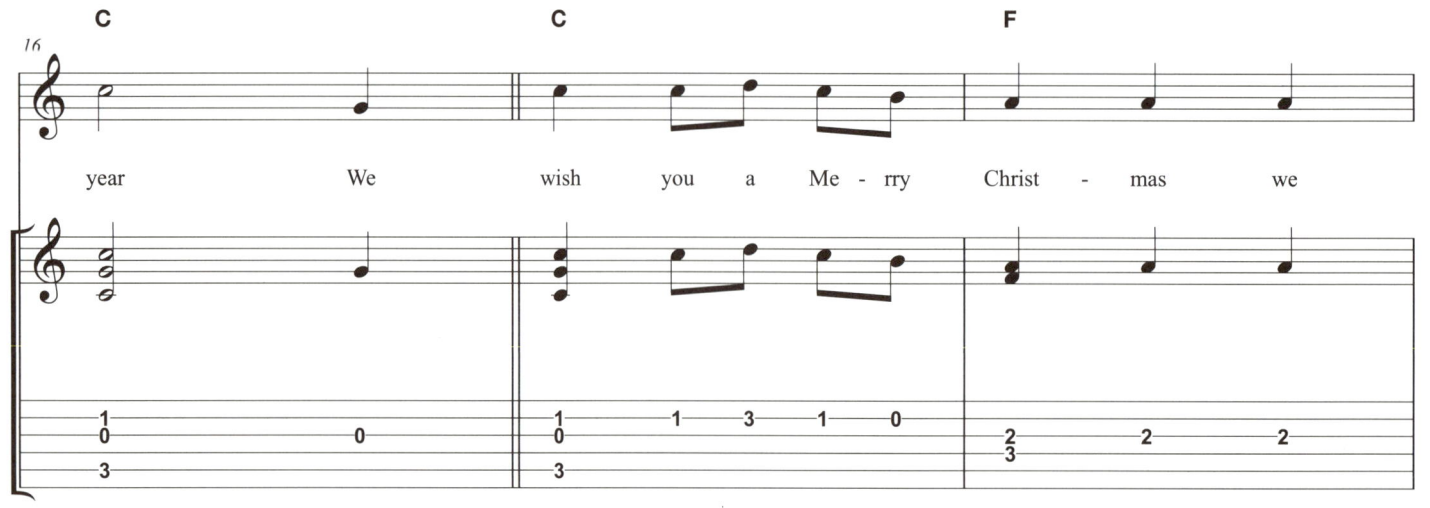

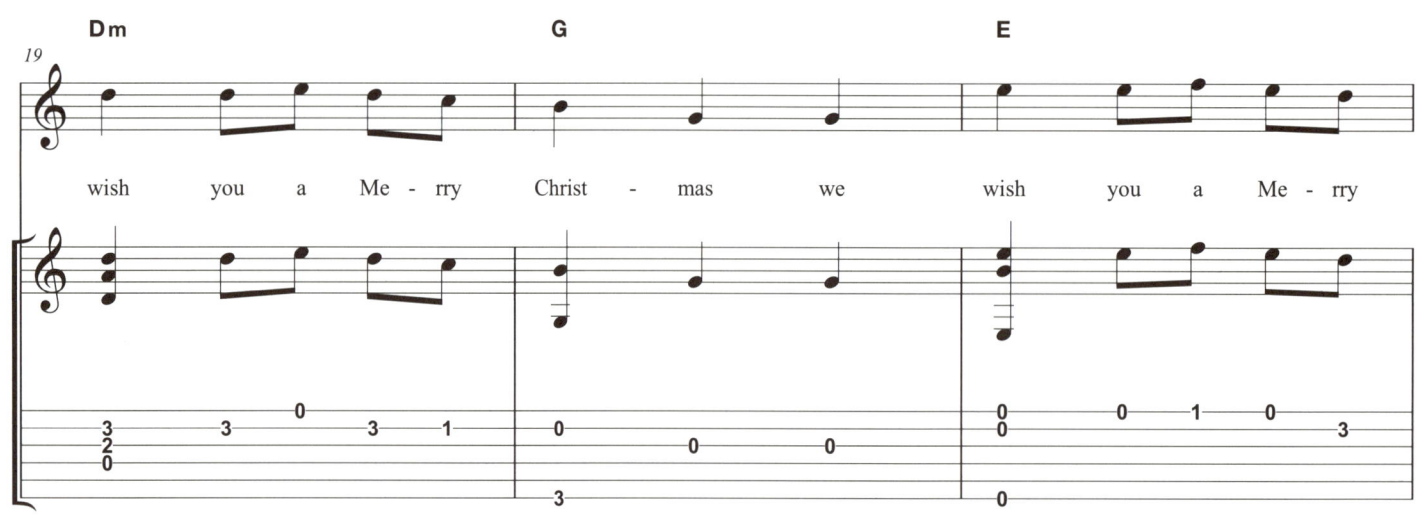

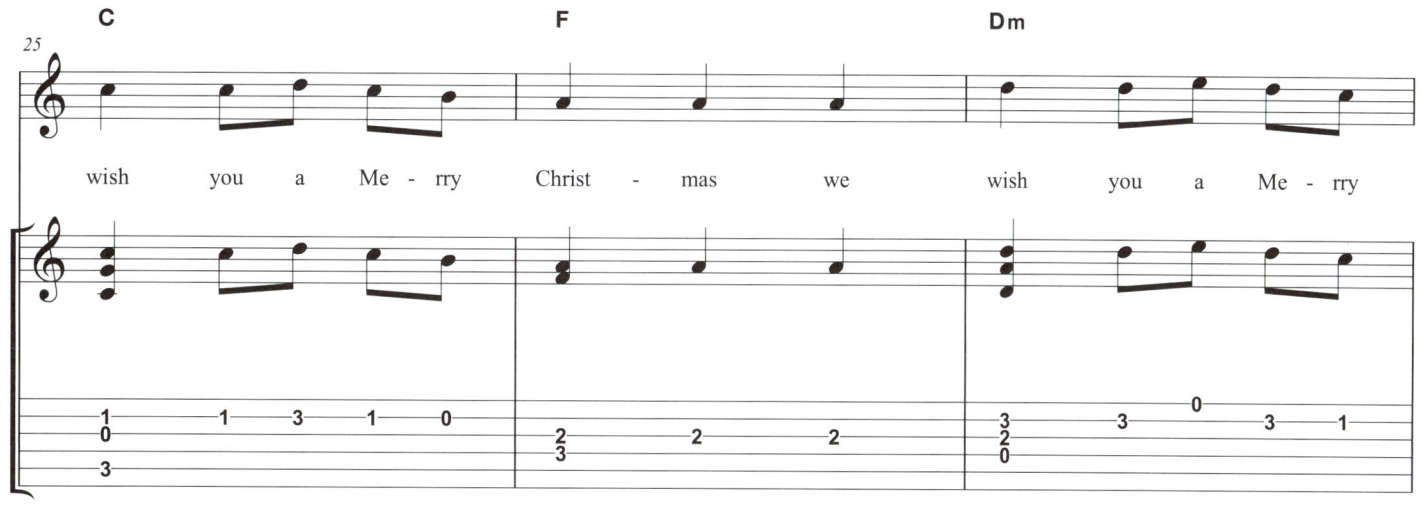

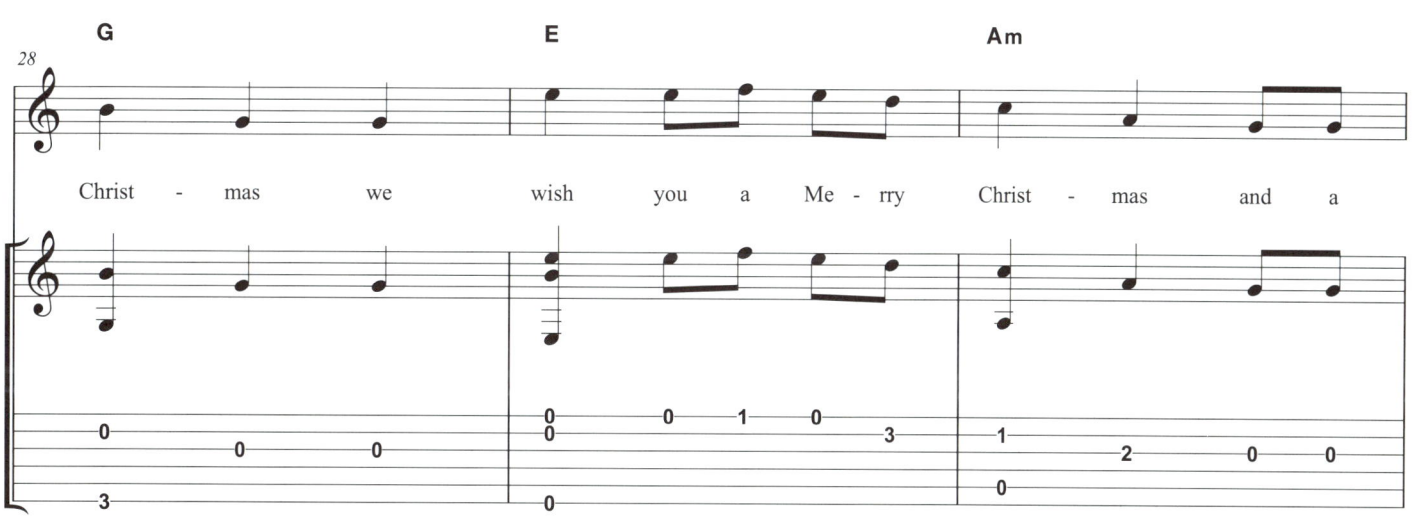

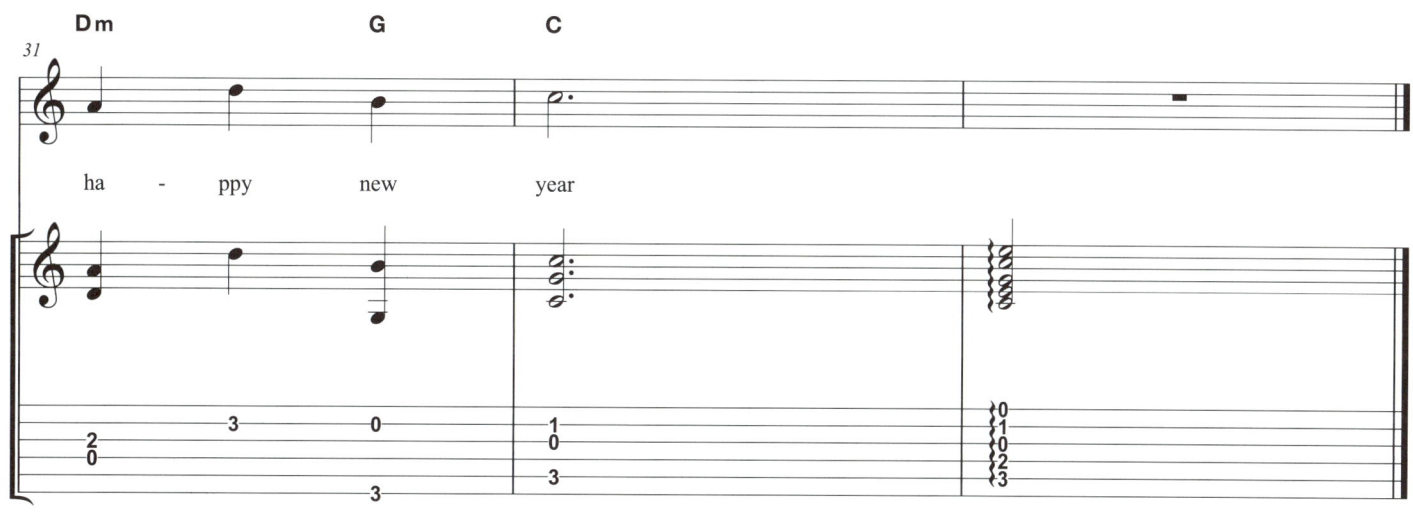

10. 루돌프 사슴코

Rudolph The Red-Nosed Reindeer

Johnny Marks 작사
Johnny Marks 작곡

루 돌 프 사 슴 코 는   매 우 반 짝 이 는

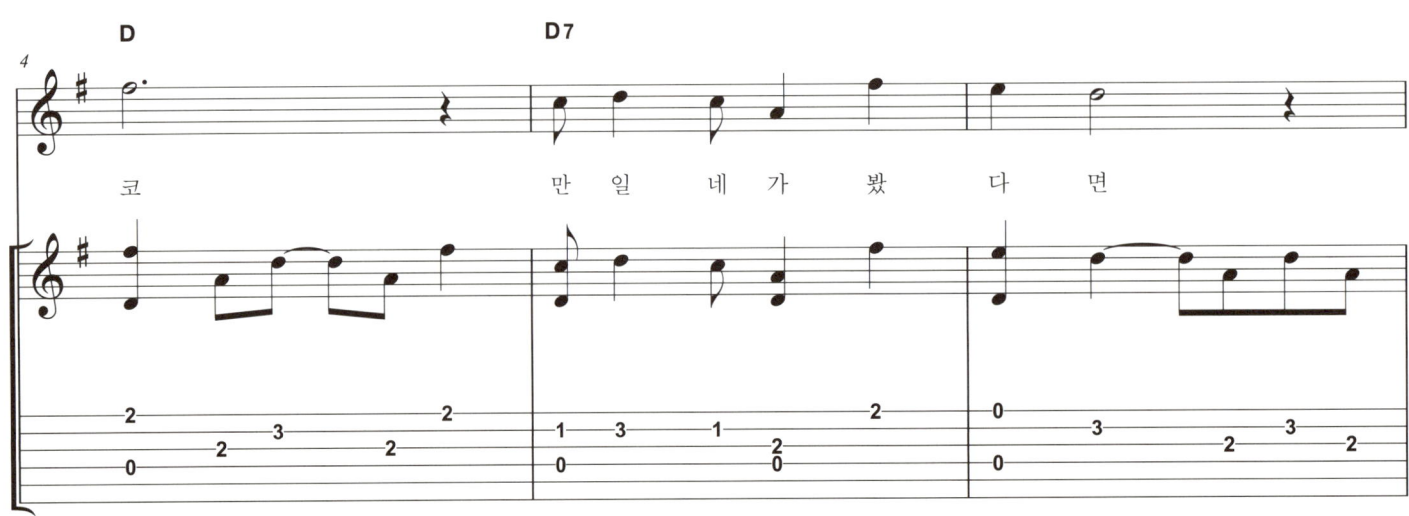

코   만 일 네 가 봤 다 면

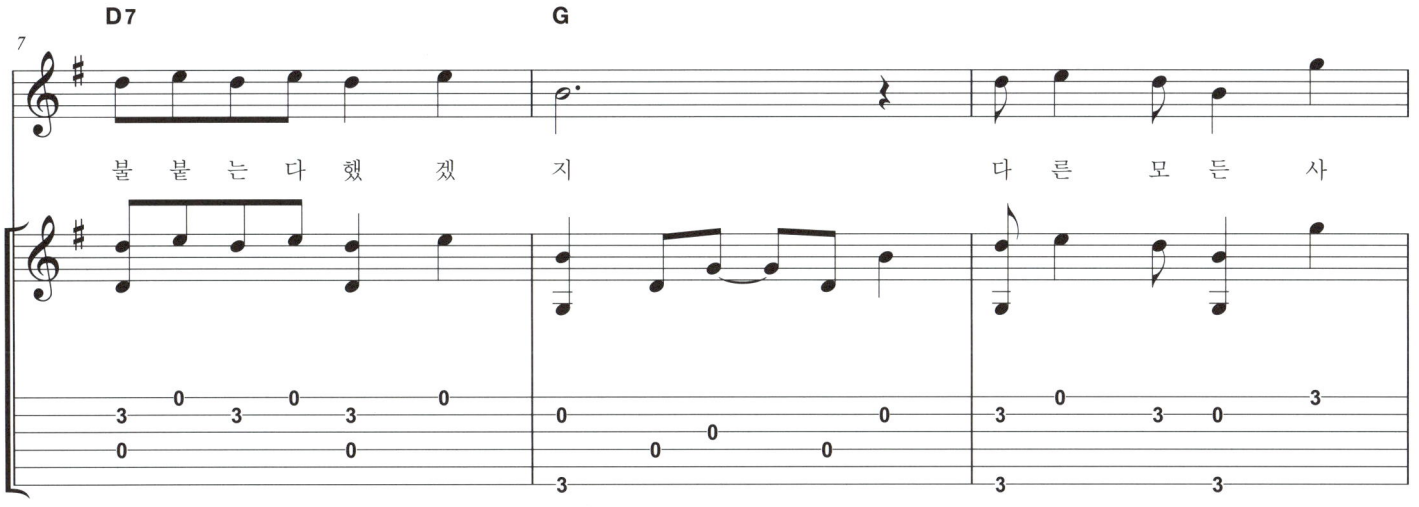

불 붙 는 다 했 겠 지   다 른 모 든 사

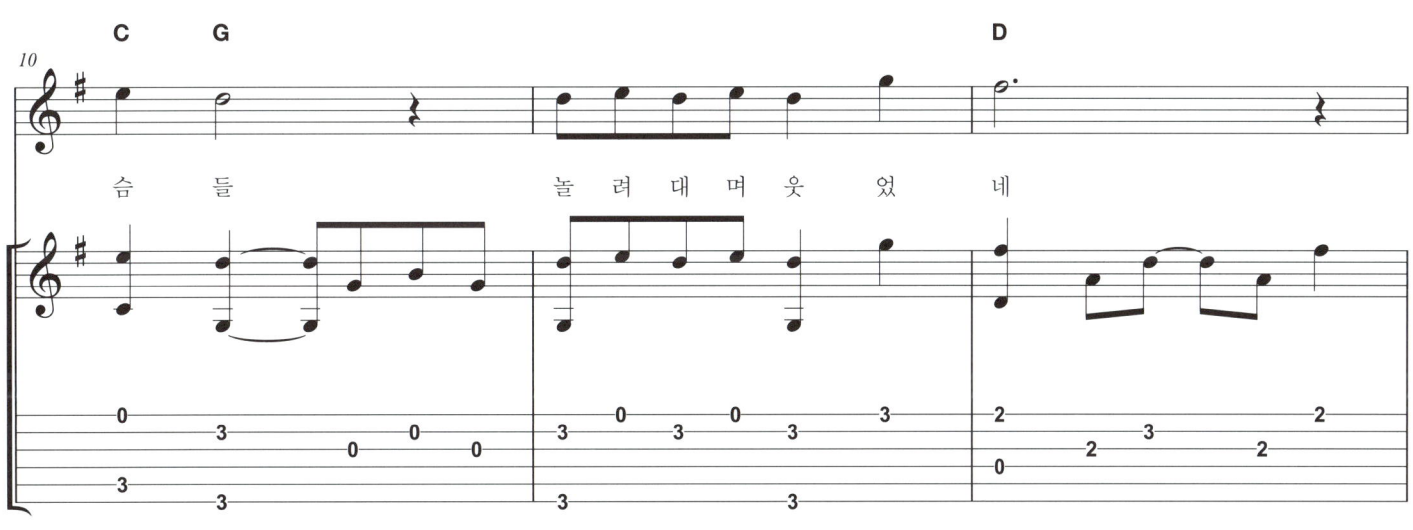

습 들   놀 려 대 며 웃 었 네

가 엾 은 저 루 돌 프   외 톨 이 가 되 었

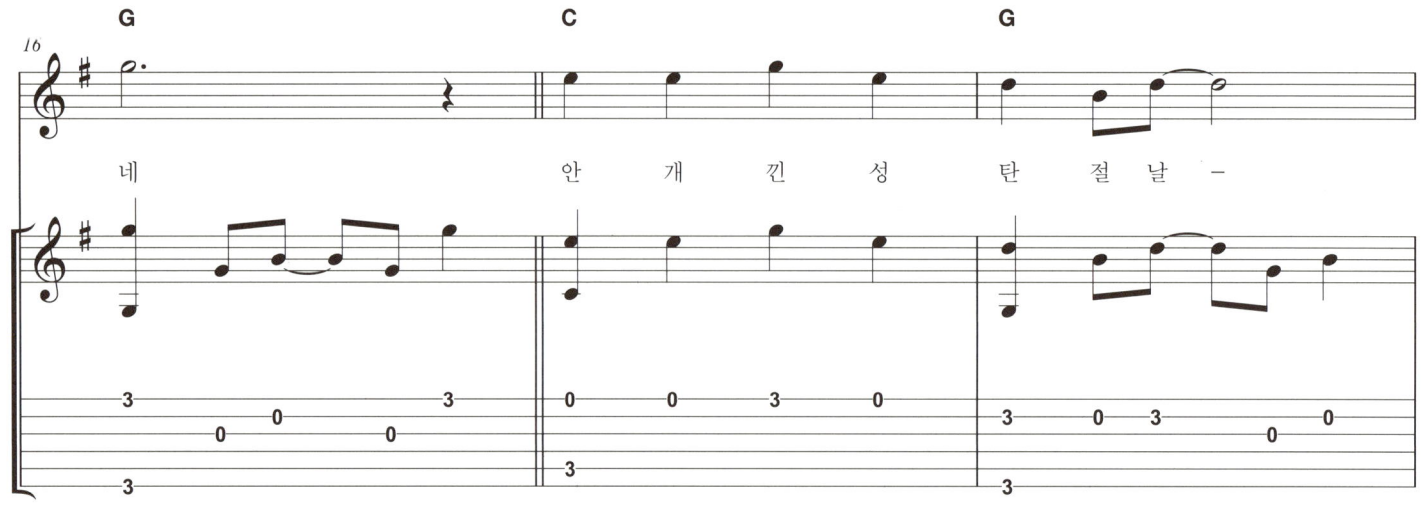

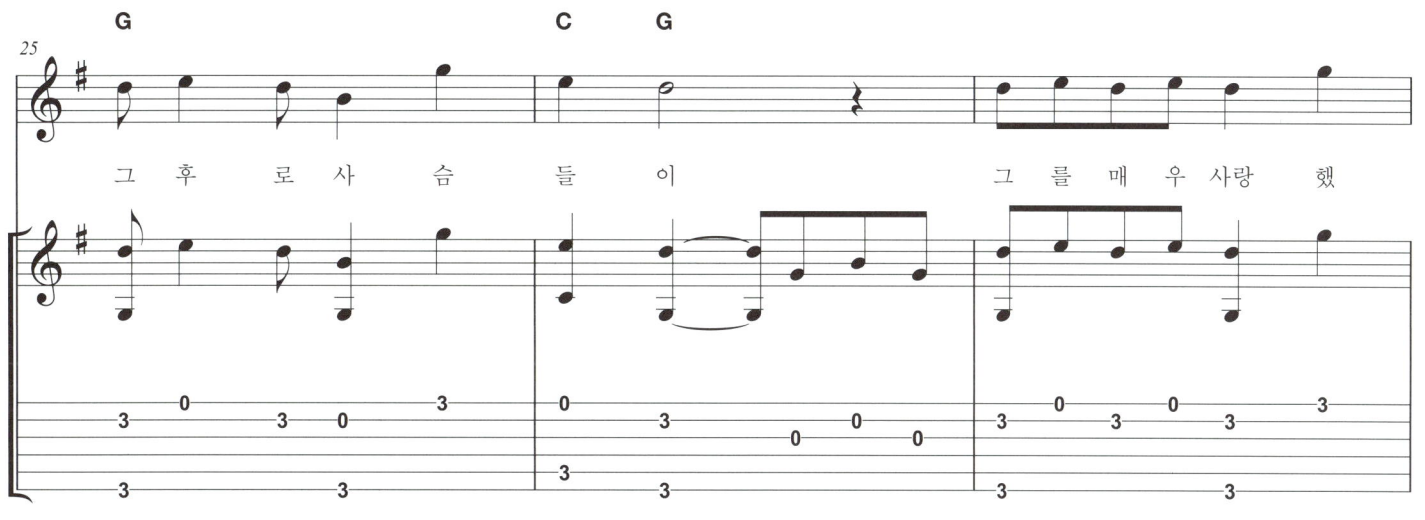

그 후 로 사 슴 들 이   그 를 매 우 사 랑 했

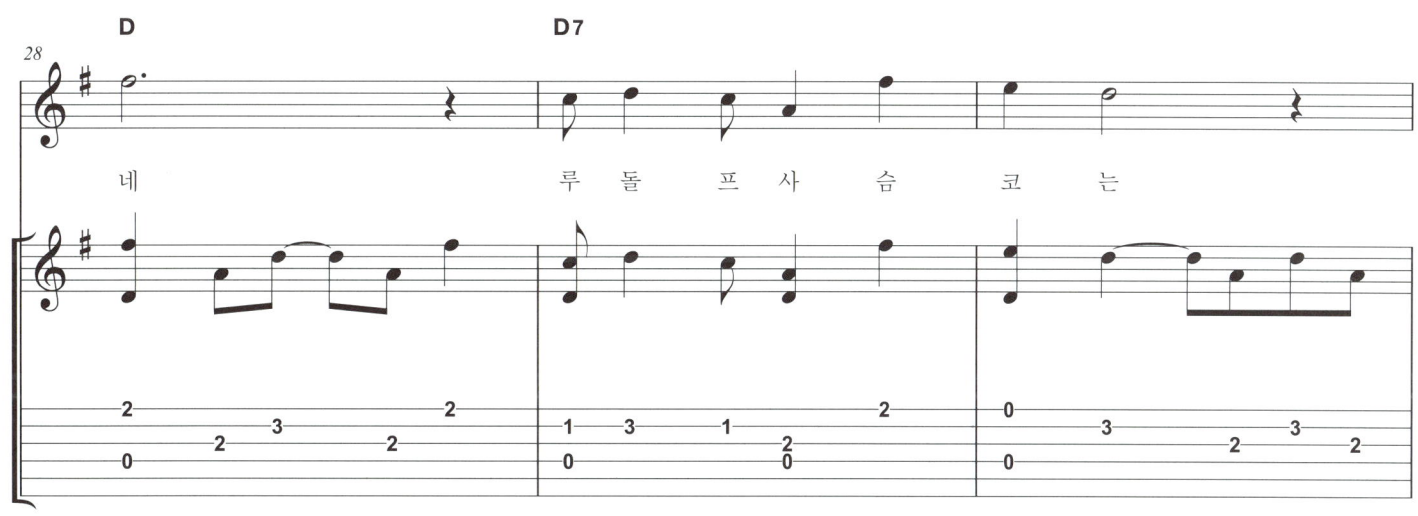

네   루 돌 프 사 슴 코 는

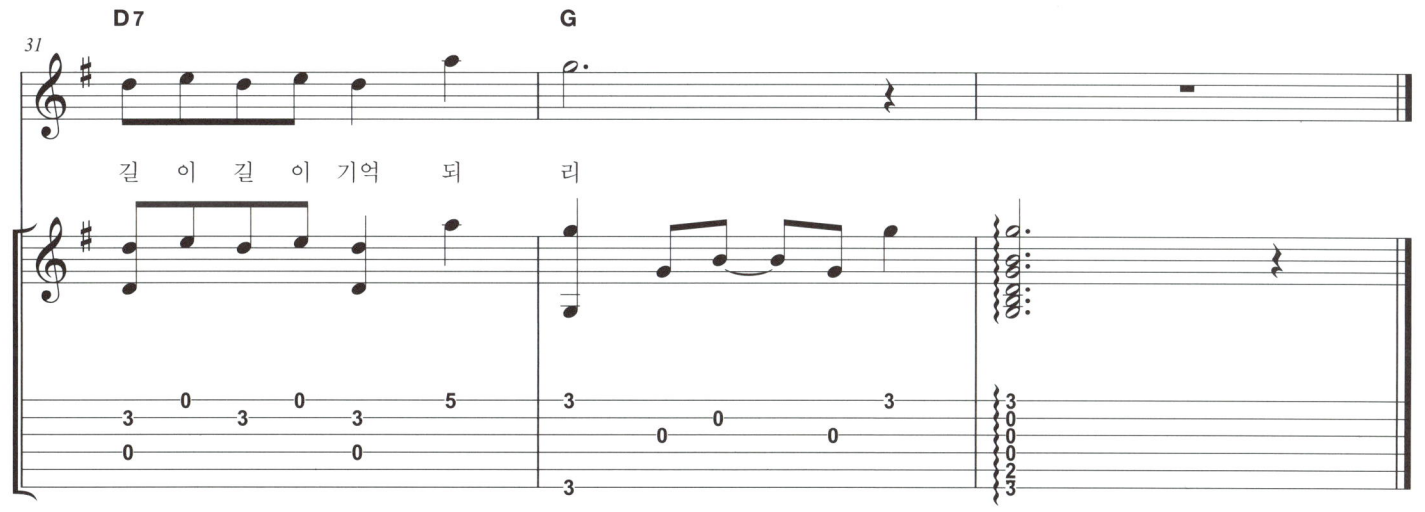

길 이 길 이 기 억 되   리

11. 그 맑고 환한 밤중에
It Came Upon The Midnight Clear

E. H. Sear 작사
R. S. Willis 작곡

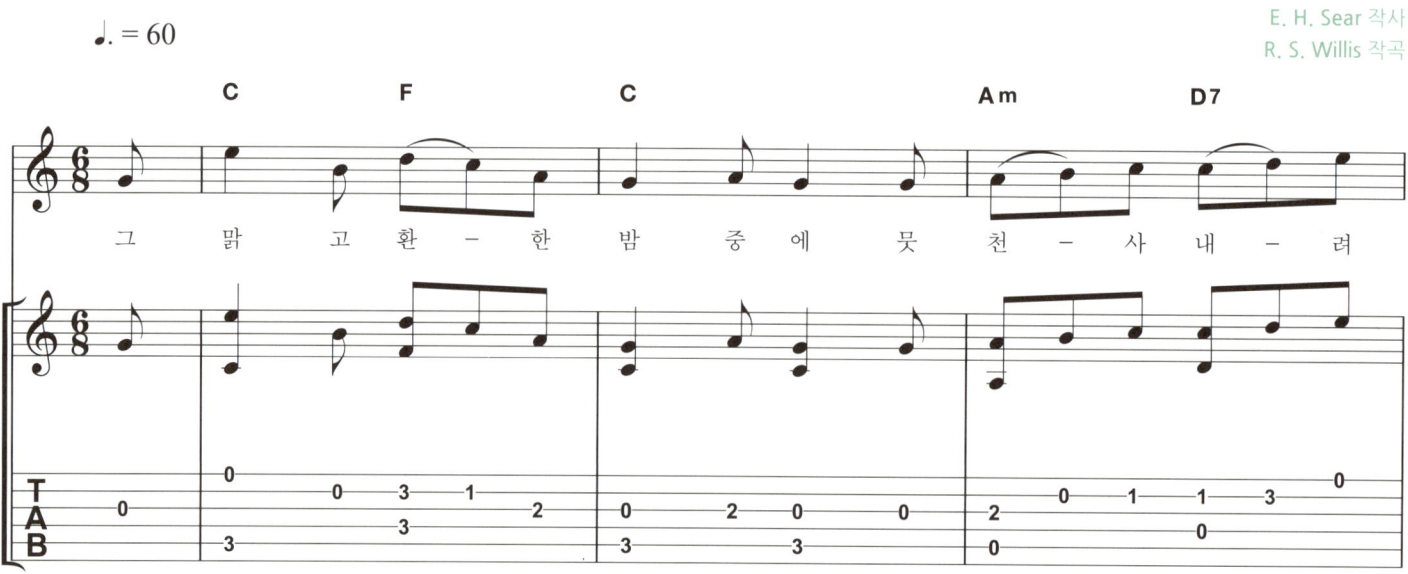

그 맑고 환 — 한 밤 중에 뭇 천 — 사 내 려

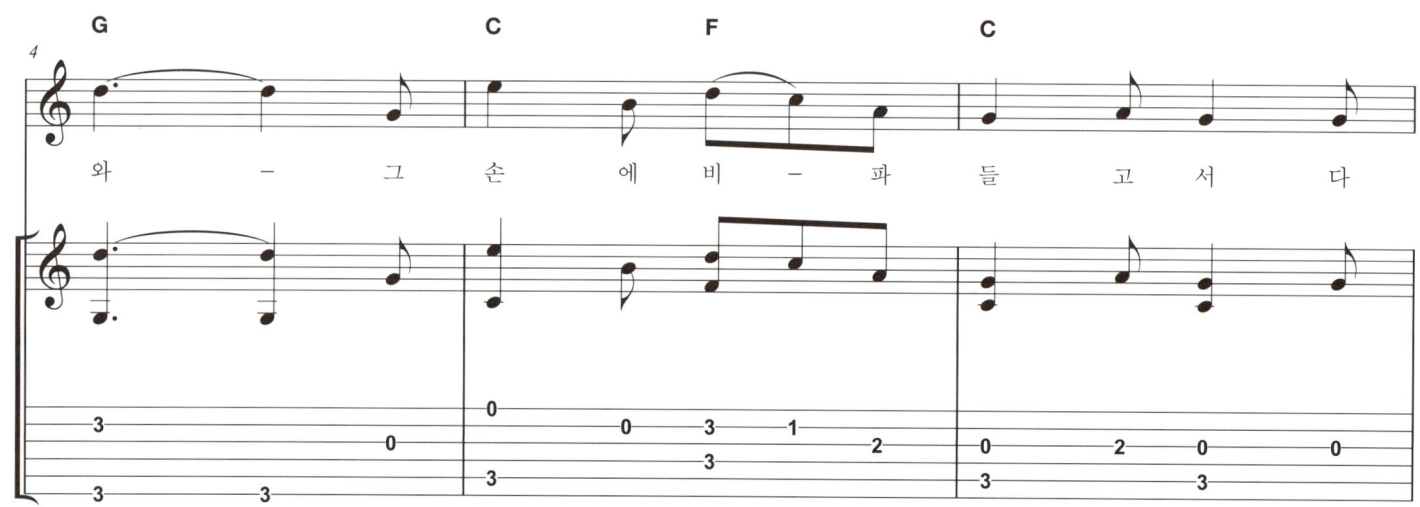

와 — 그 손 에 비 — 파 들 고 서 다

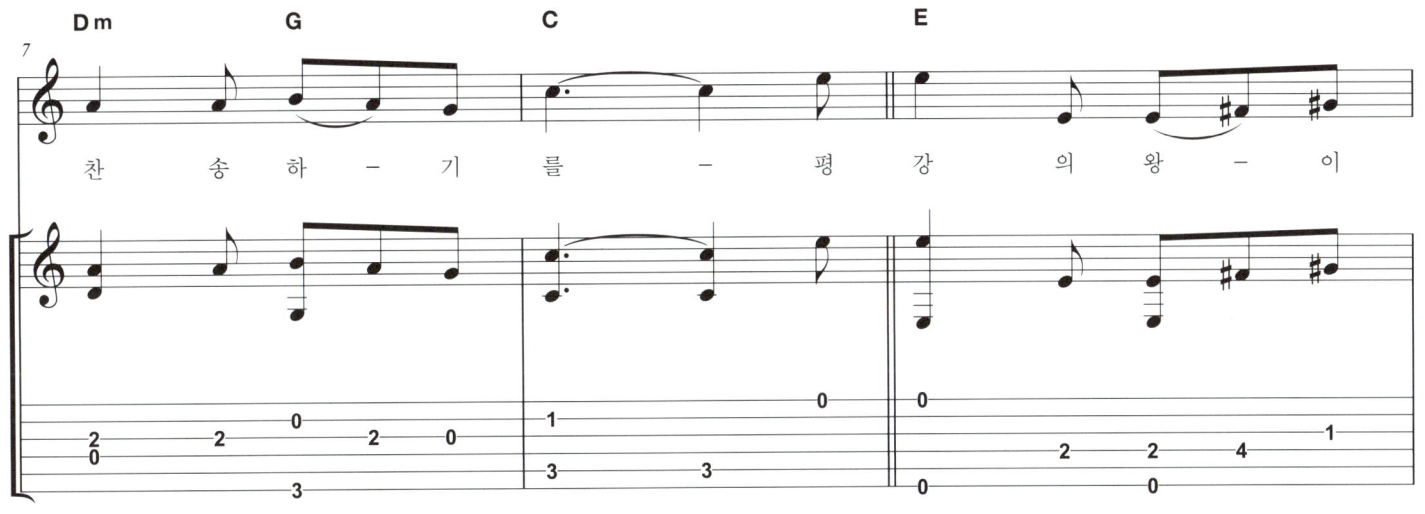

찬 송 하 기 를 — 평 강 의 왕 — 이

오 시 니 다 평 — 안 하 여 라 — 그 소 란 하 — 던

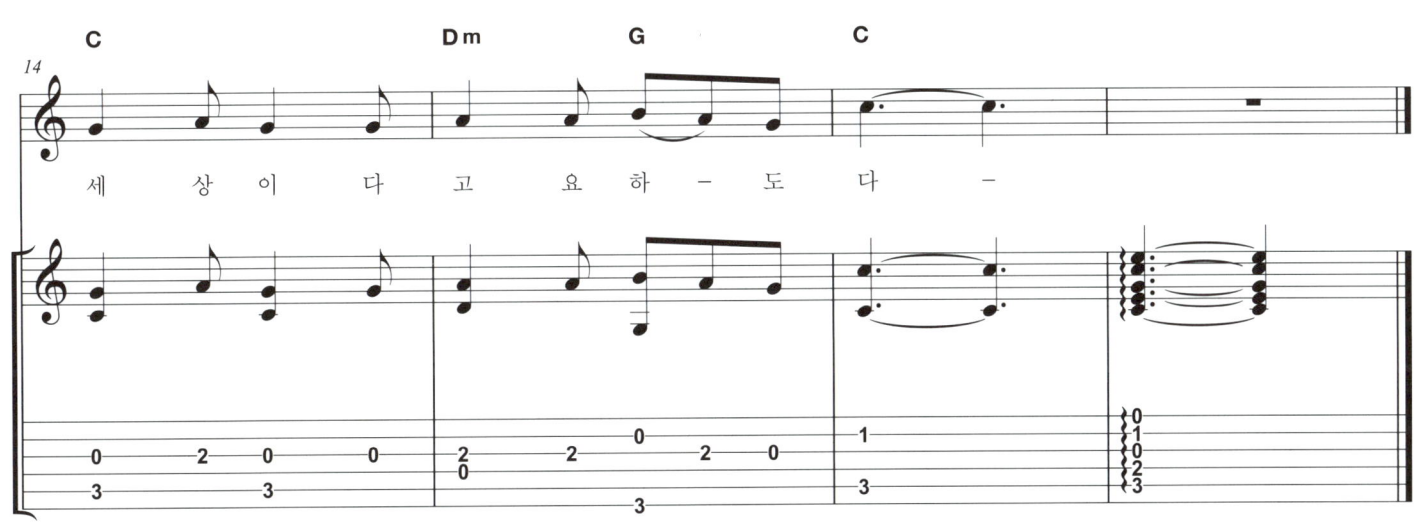

세 상 이 다 고 요 하 — 도 다 —

12. 기뻐하며 경배하세

Joyful joyful

♩ = 125

H. Van Dyke 작사
L. Van Beethoven 작곡

기 뻐 하 며 경 배 하 세 영 광 의 주 하 나 님

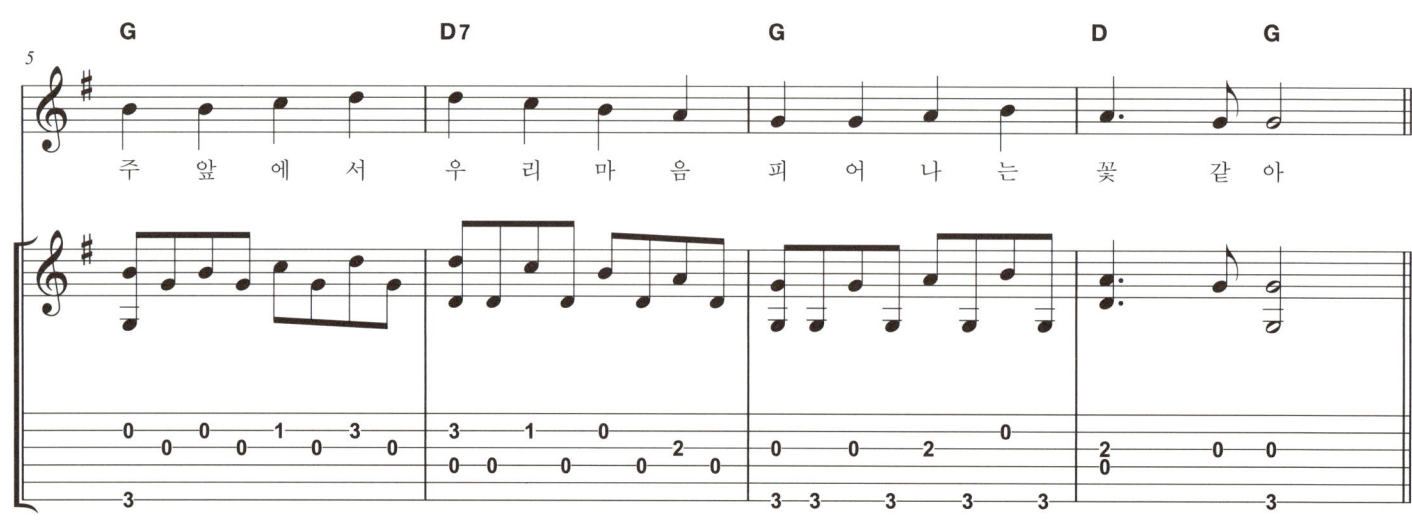

주 앞 에 서 우 리 마 음 피 어 나 는 꽃 같 아

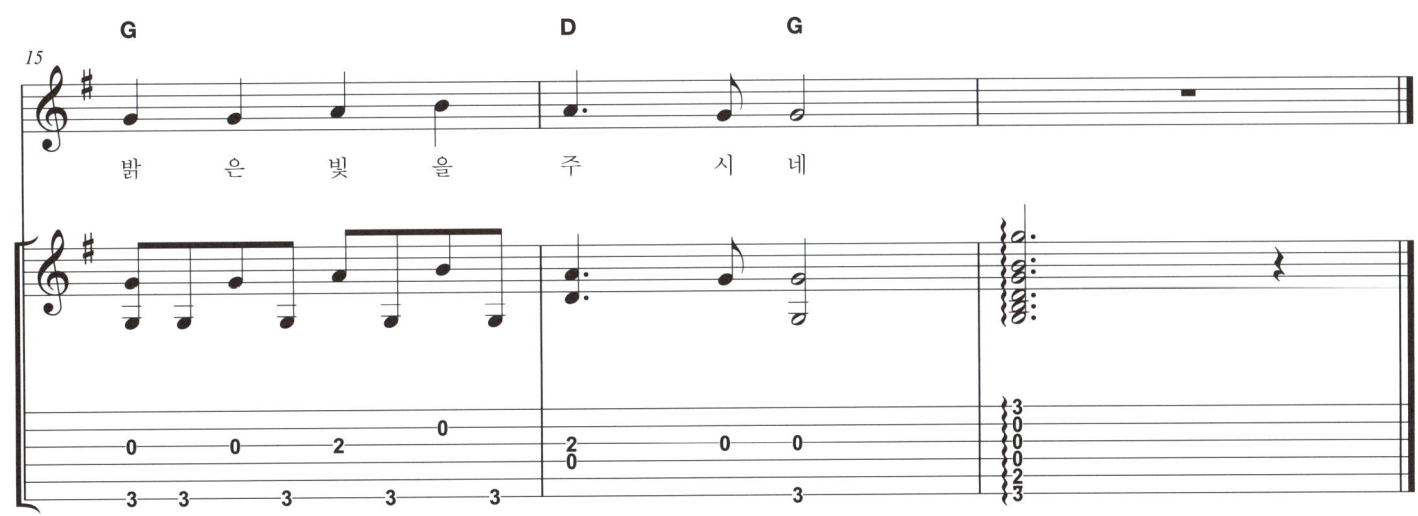

13. 나 같은 죄인 살리신

Amazing Grace

J. Newton 작사
Traditional American Melody

나 같 은 - 죄 인 살 리

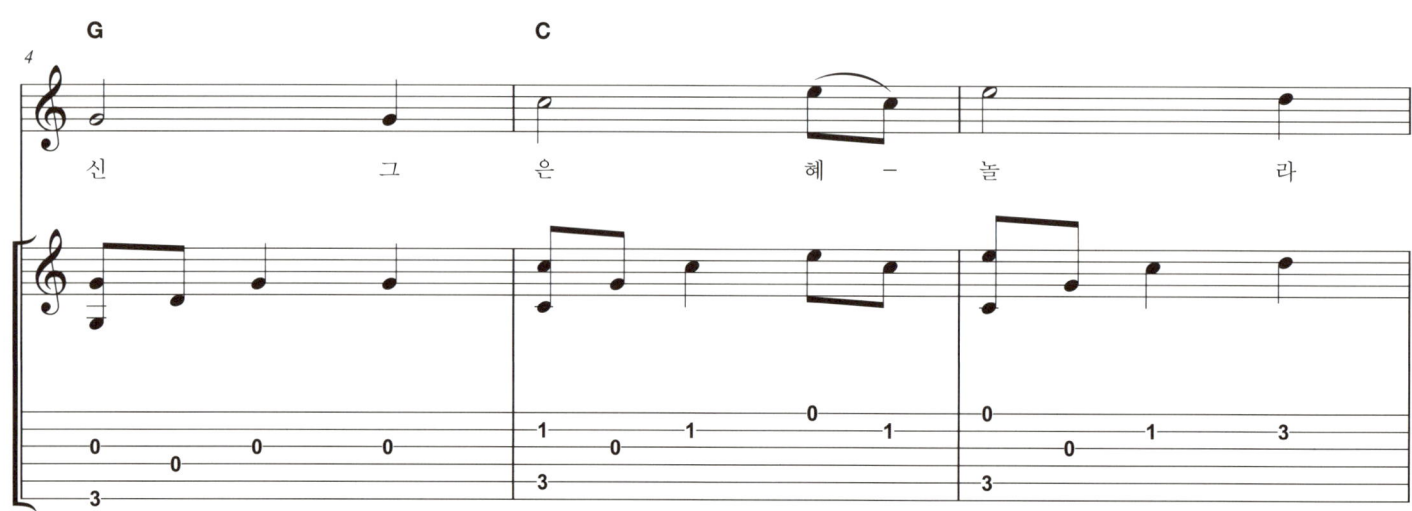

신 그 은 혜 - 놀 라

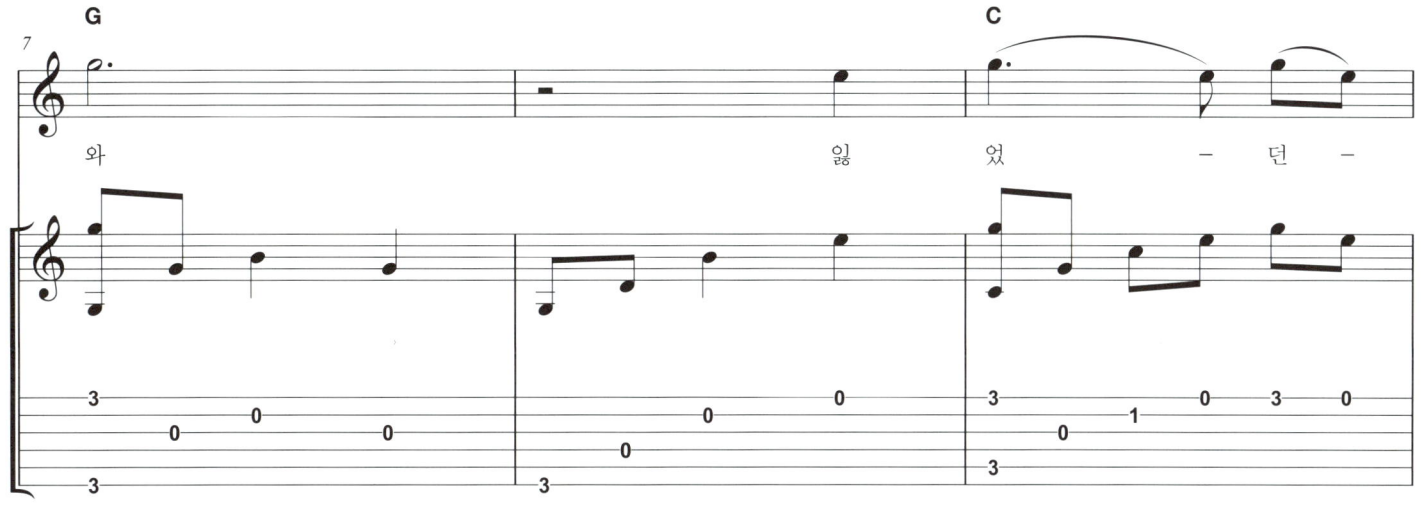

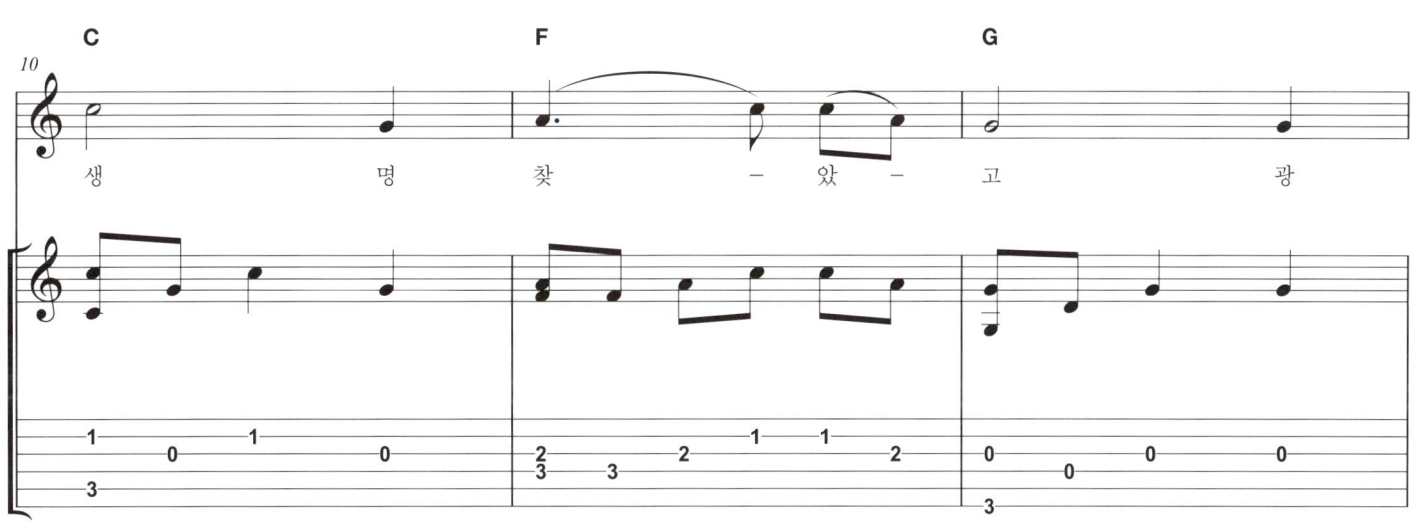

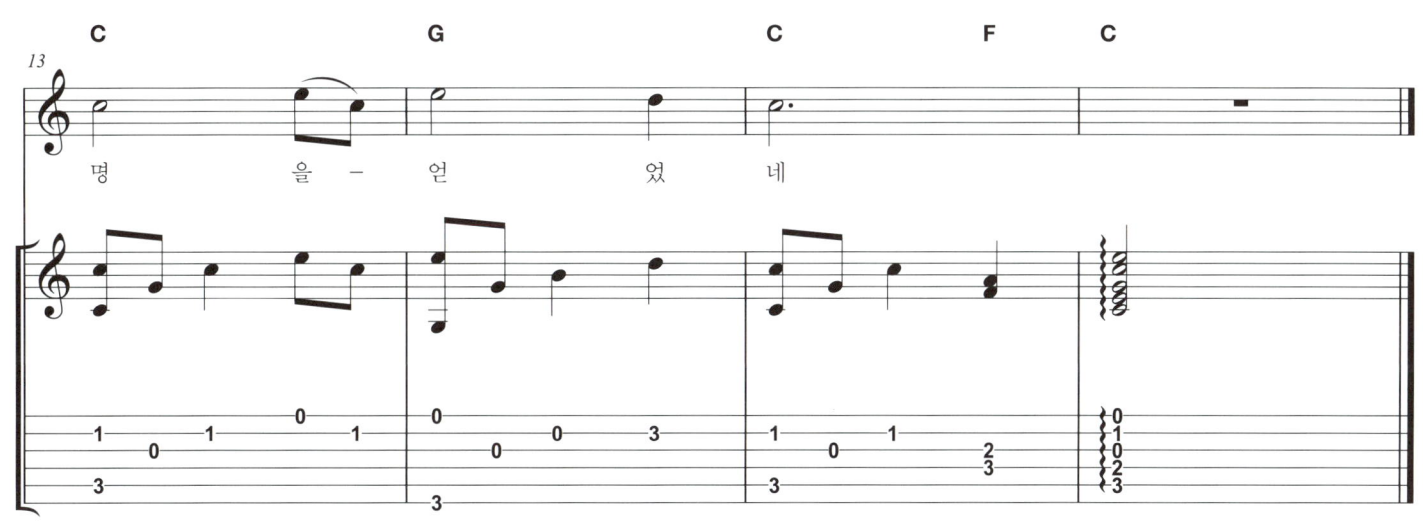

14. 저 아기 잠이 들었네

What Child is this

W. C. Dix. c 작사
English Folk Song

This arrangement Copyright © 2014 by SCORE Music Publishing Inc.

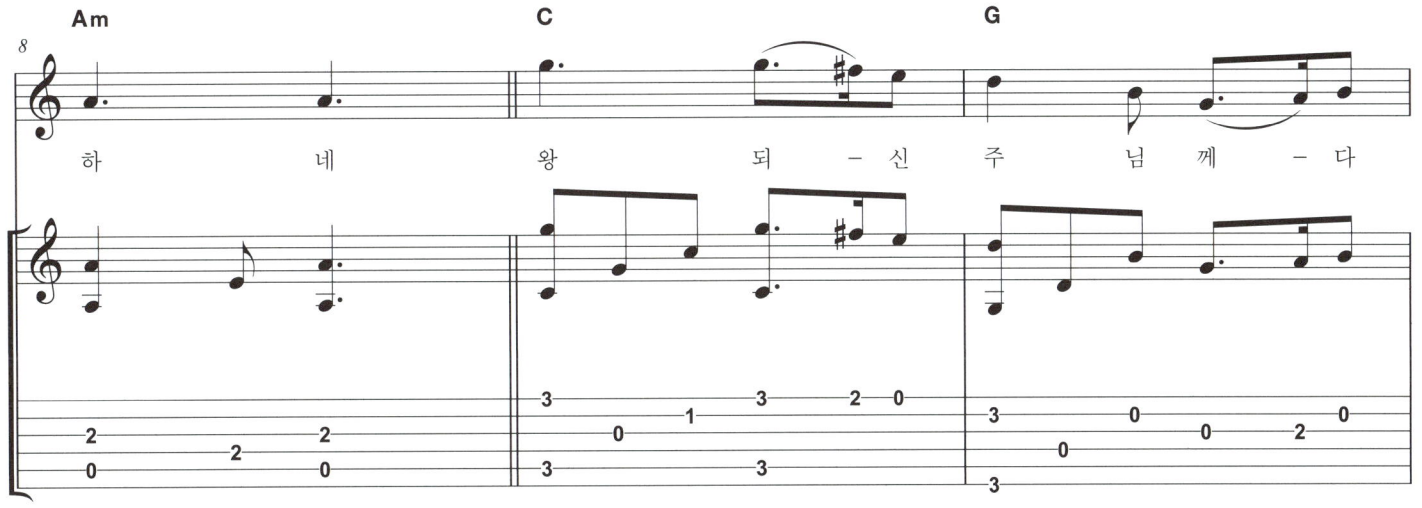

하 네　왕 되 - 신 주 님 께 - 다

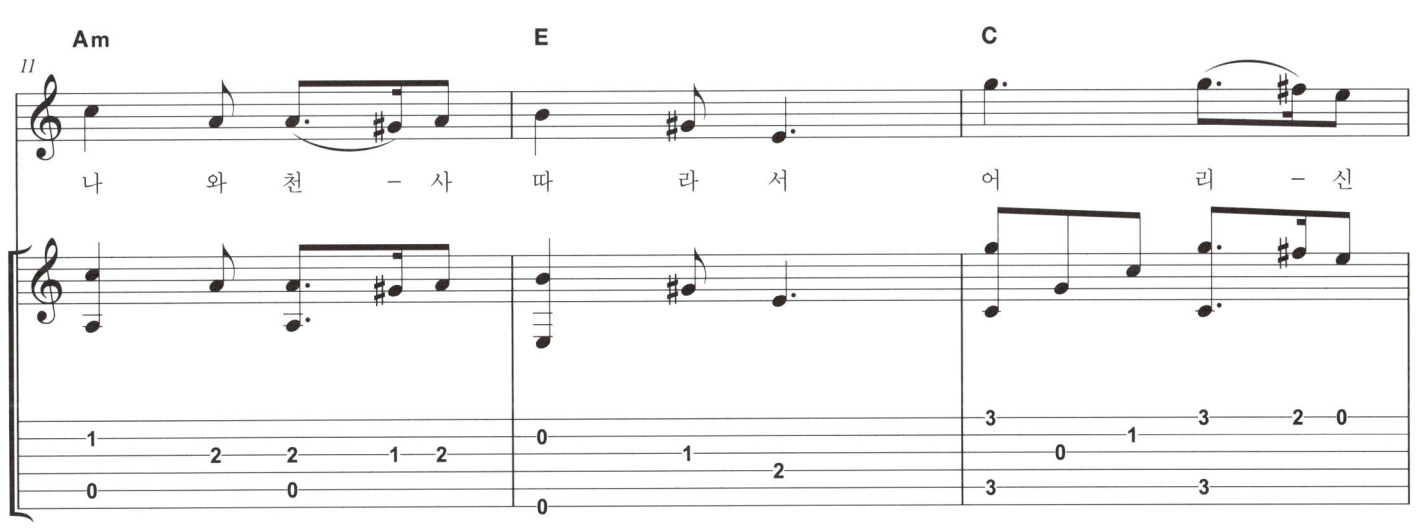

나 와 천 - 사 따 라 서　어 리 - 신

예 수 께 - 다 모 - 여 경 - 배 하 세

15. 징글벨 록

Jingle Bell Rock

James Ross Roothe, Joshph Carleton Beal 작사
James Ross Roothe, Joshph Carleton Beal 작곡

Jin - gle bell   jin - gle bell   jin - gle bell   rock   jin - gle bell   swing   and

jin - gle bells   ring   Snow - in' — and blow - in' — up bu - shels of fun —

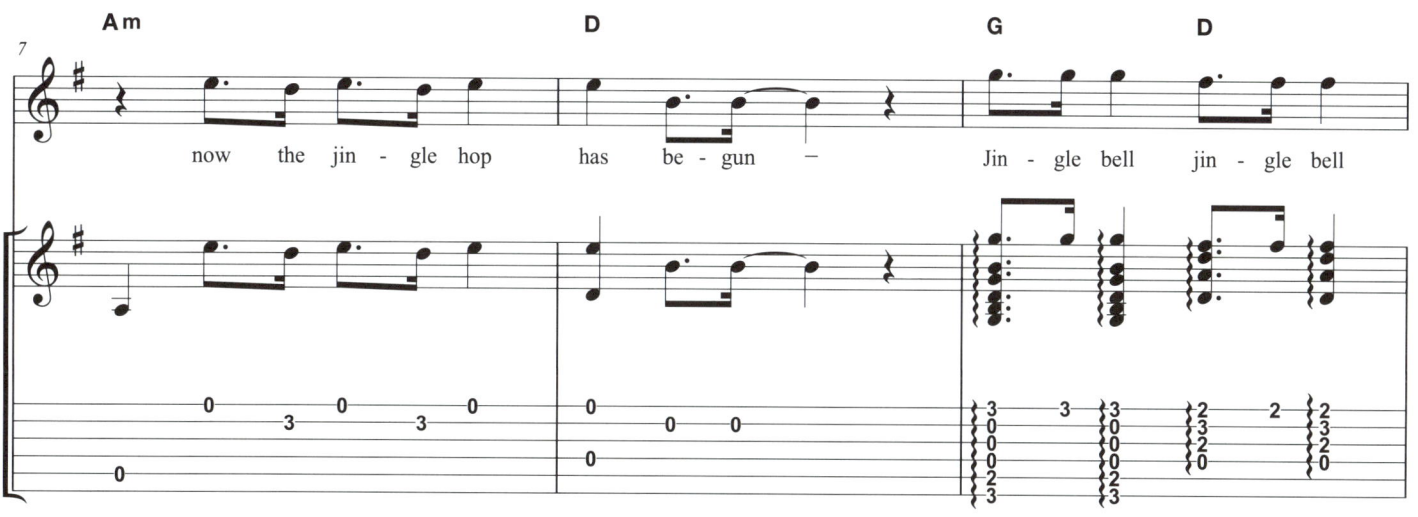

now the jin - gle hop has be - gun — Jin - gle bell jin - gle bell

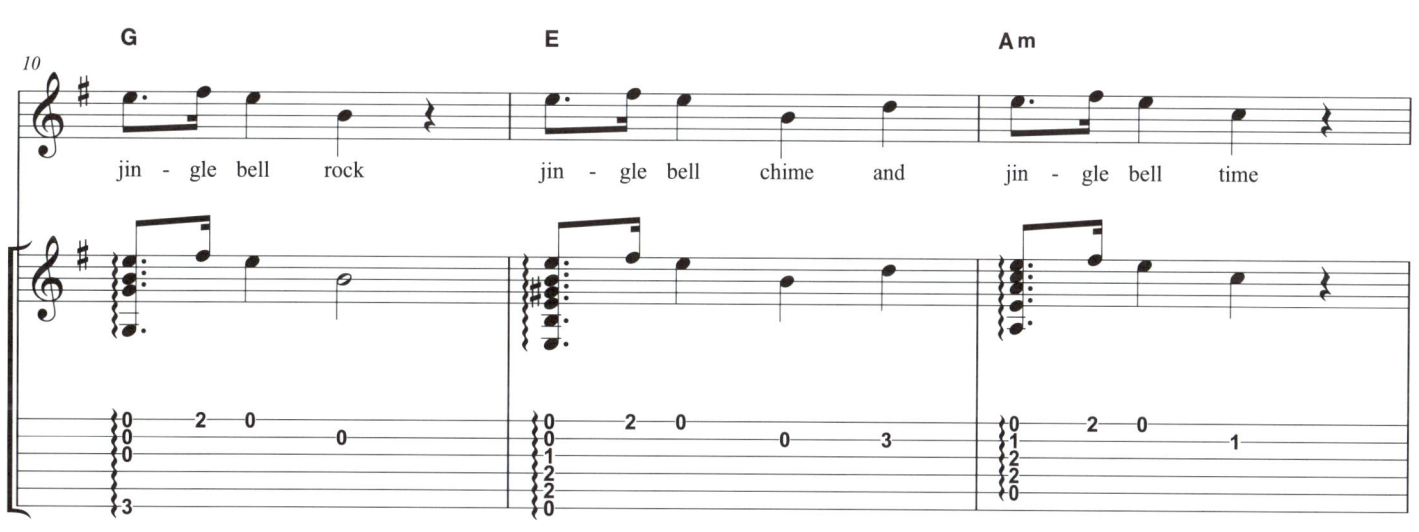

jin - gle bell rock jin - gle bell chime and jin - gle bell time

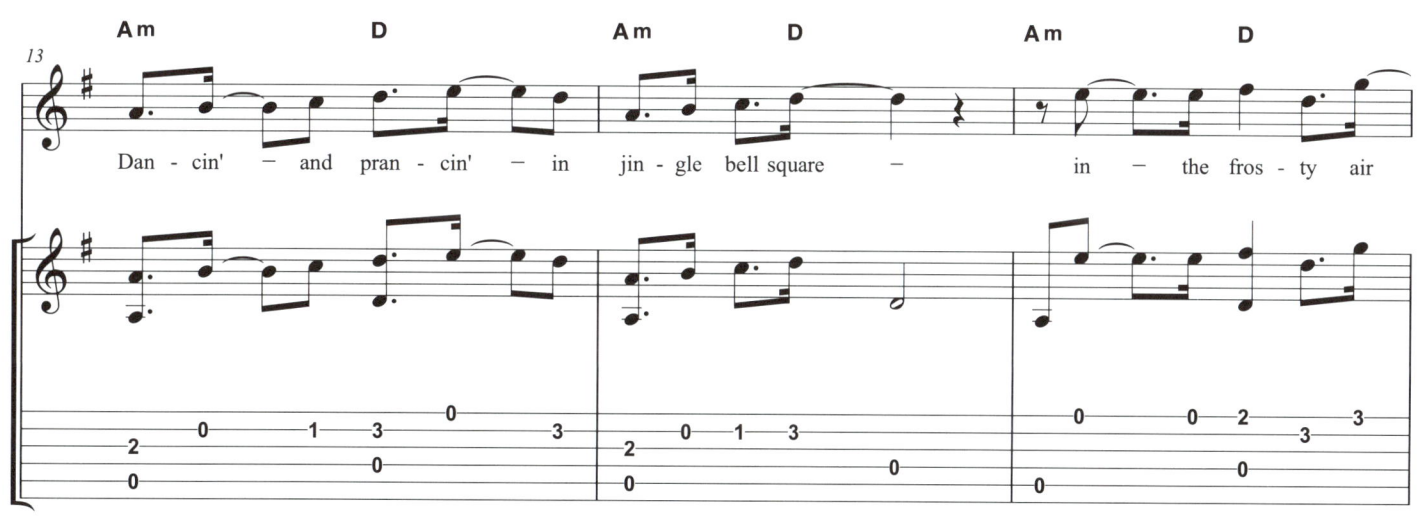

Dan - cin' — and pran - cin' — in jin - gle bell square — in — the fros - ty air

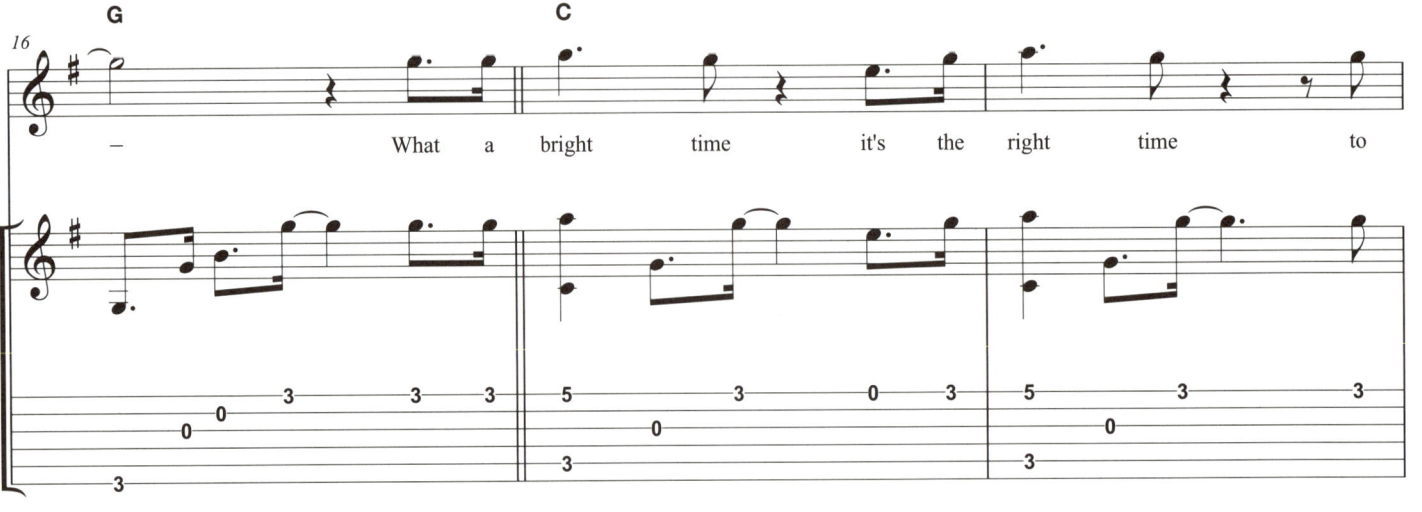

What a bright time it's the right time to

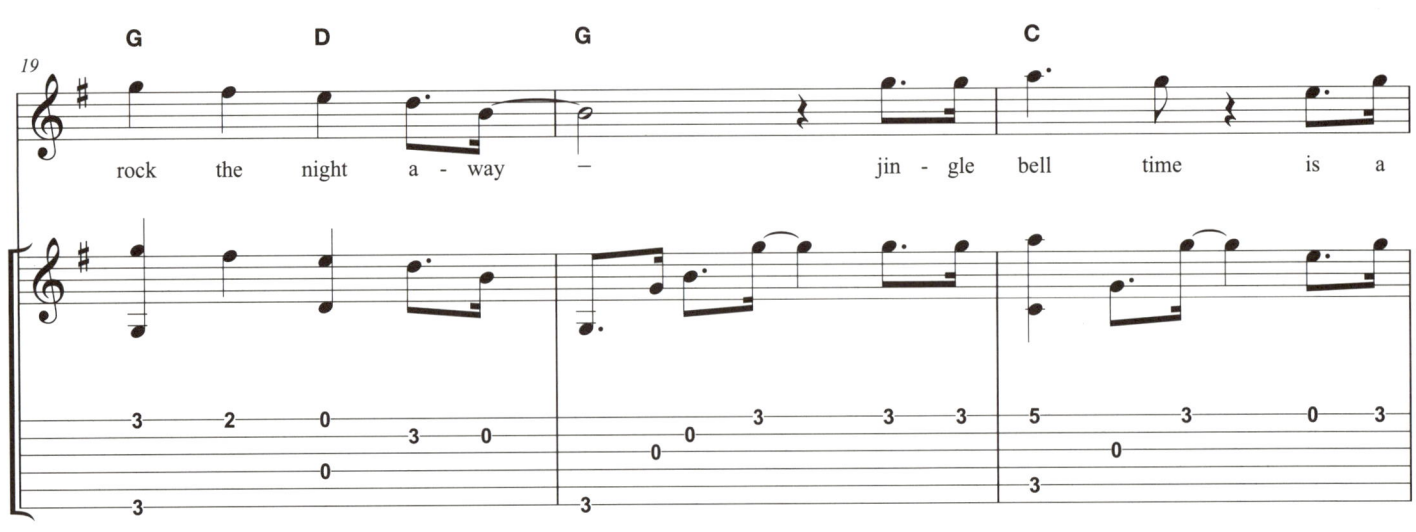

rock the night a - way — jin - gle bell time is a

swell time to — go glid - din' in a one - house sleigh —

Giddy up jin - gle horse pick up your feet — jin - gle a - round the

clock the mix and a - min - gle in a jing - lin' — feet —

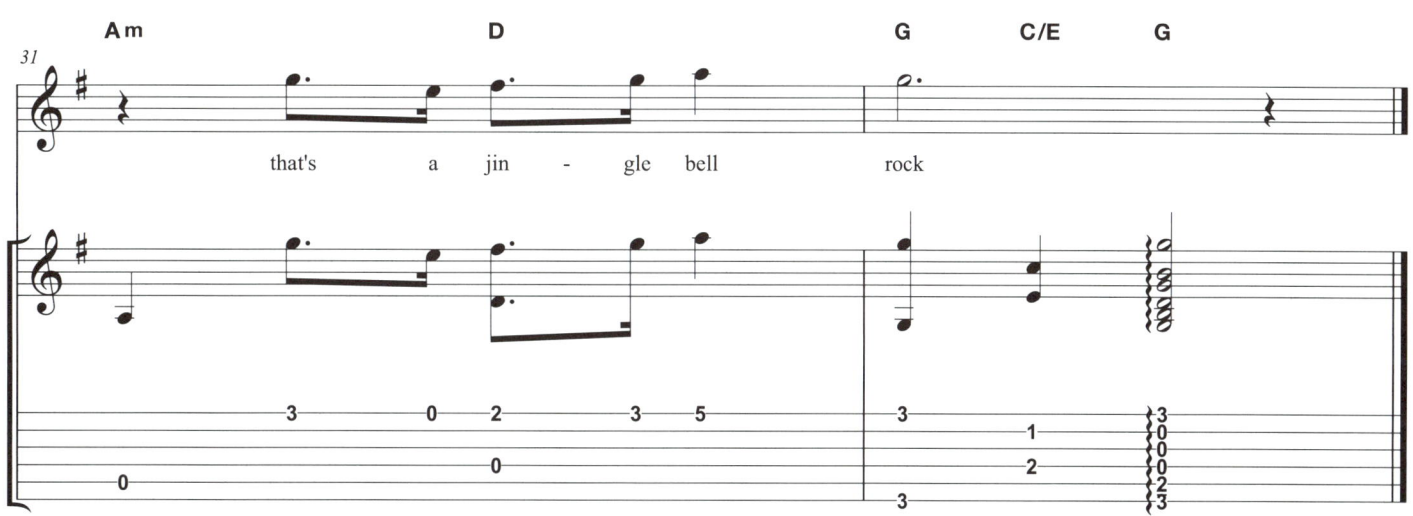

that's a jin - gle bell rock

16. 참 반가운 성도여

O Come, All Ye Faithful

Latin Hymn

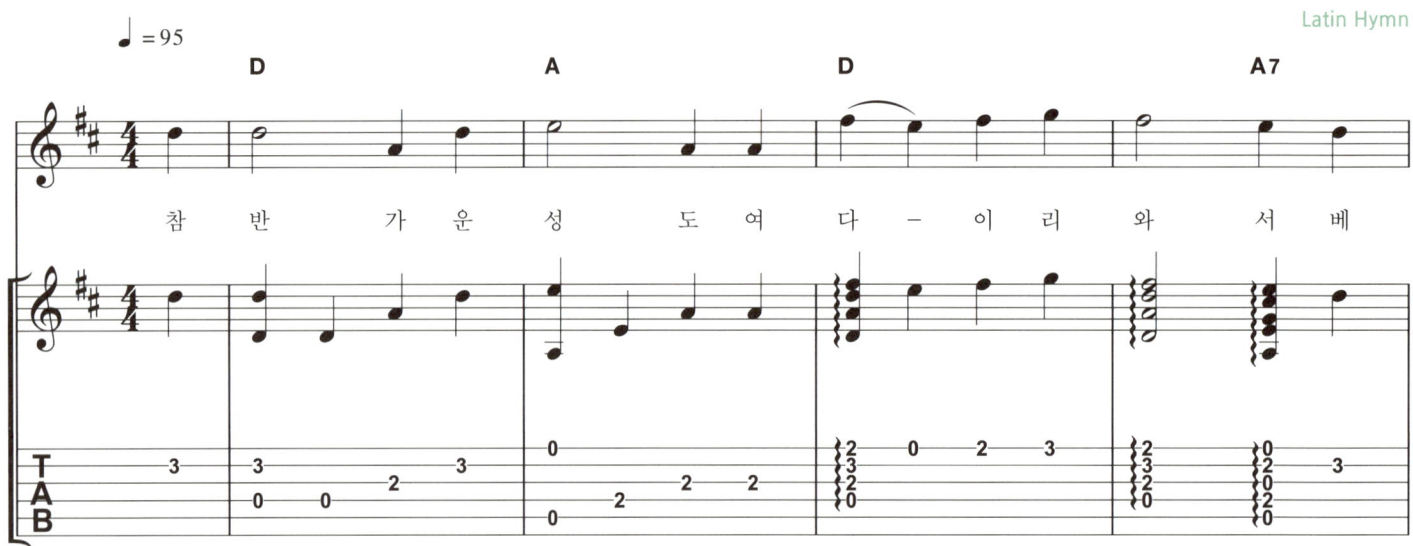

참 반 가 운 성 도 여 다 — 이 리 와 서 베

들 레 헴 성 — 안 에 가 봅 시 다 저

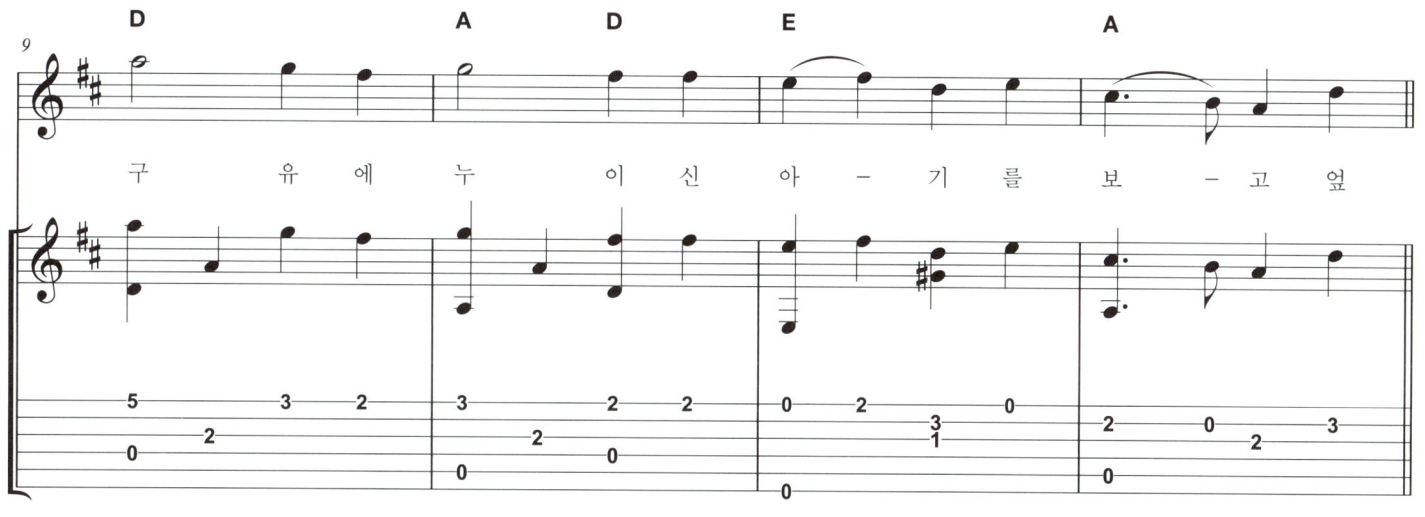

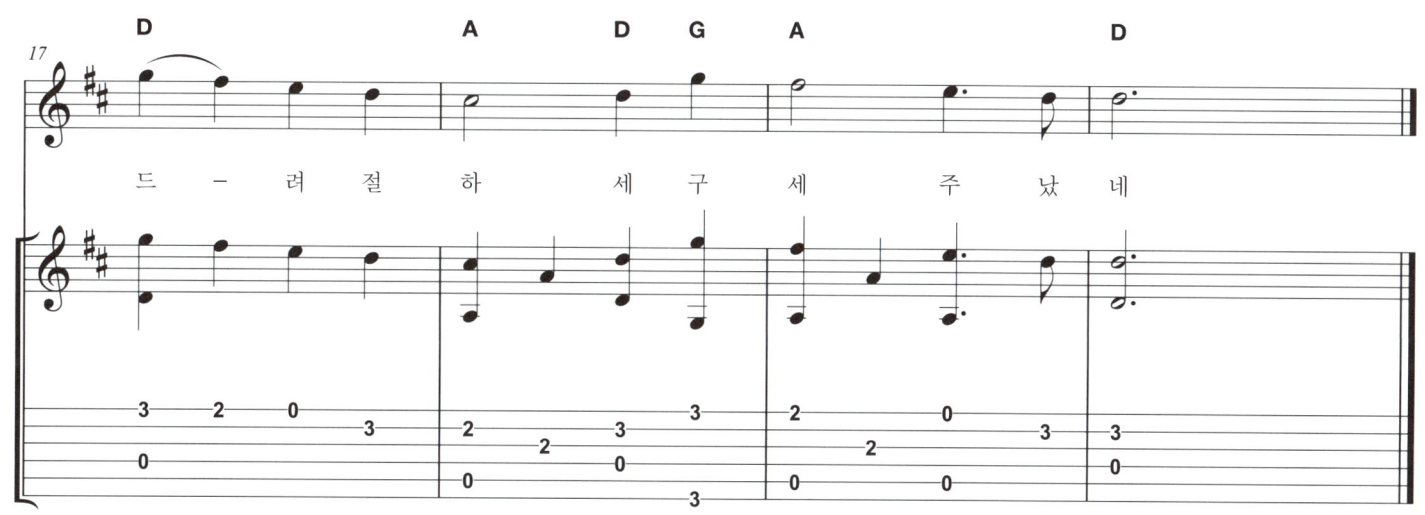

17. Feliz Navidad

Jose Feliciano 작사
Jose Feliciano 작곡

Fe - liz   na - vi - dad   Fe - liz   na - vi -

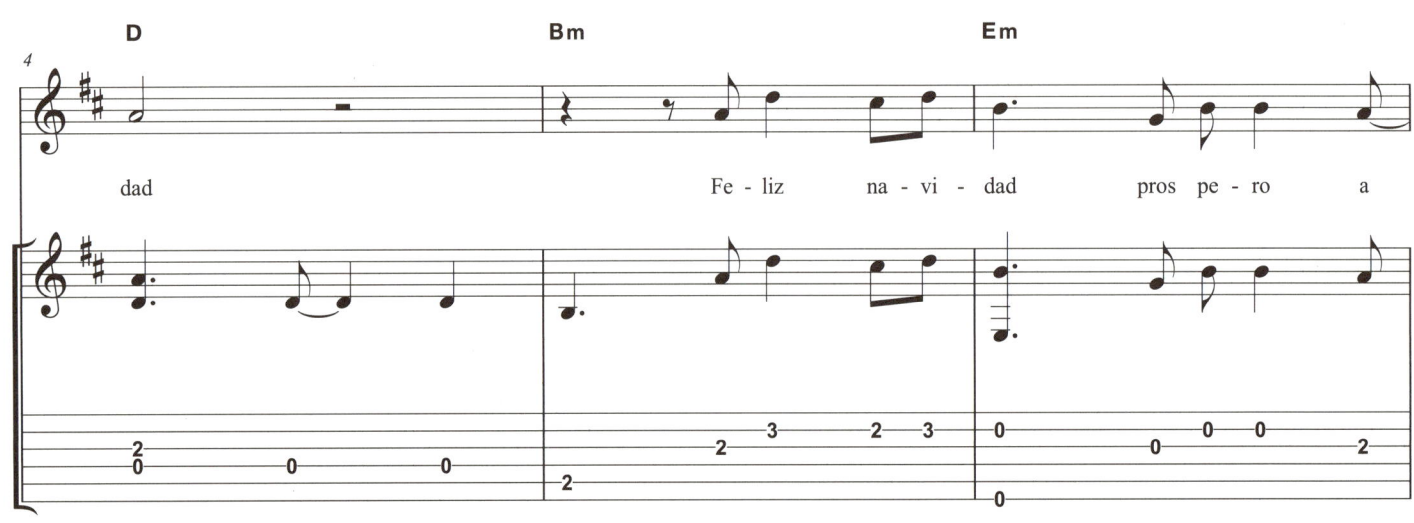

dad   Fe - liz   na - vi - dad   pros pe - ro   a

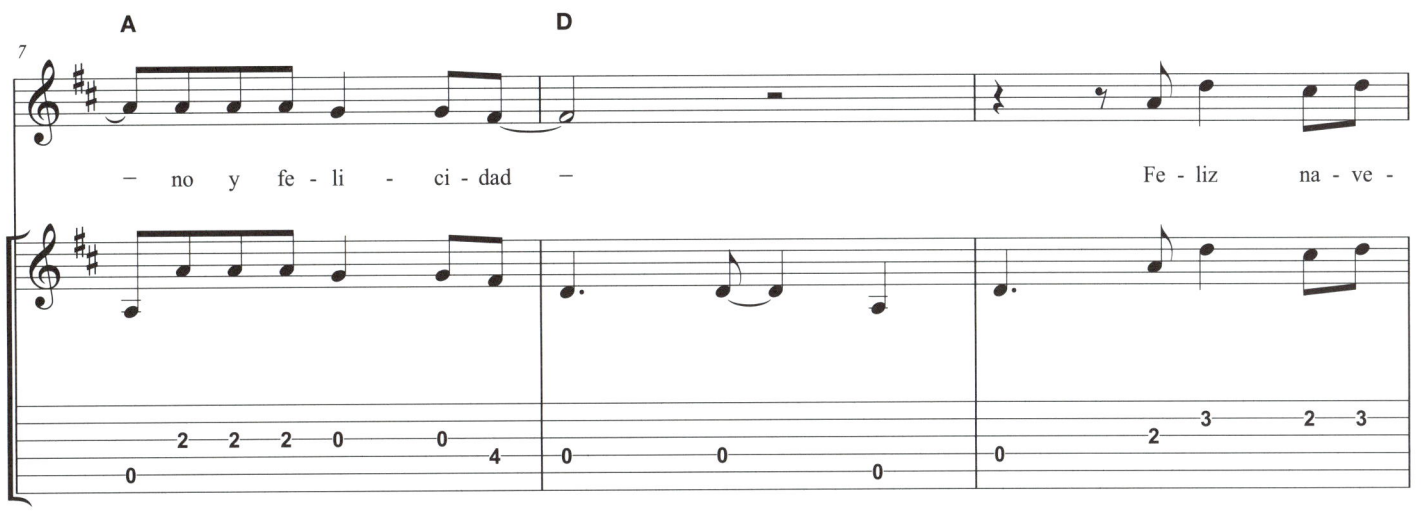

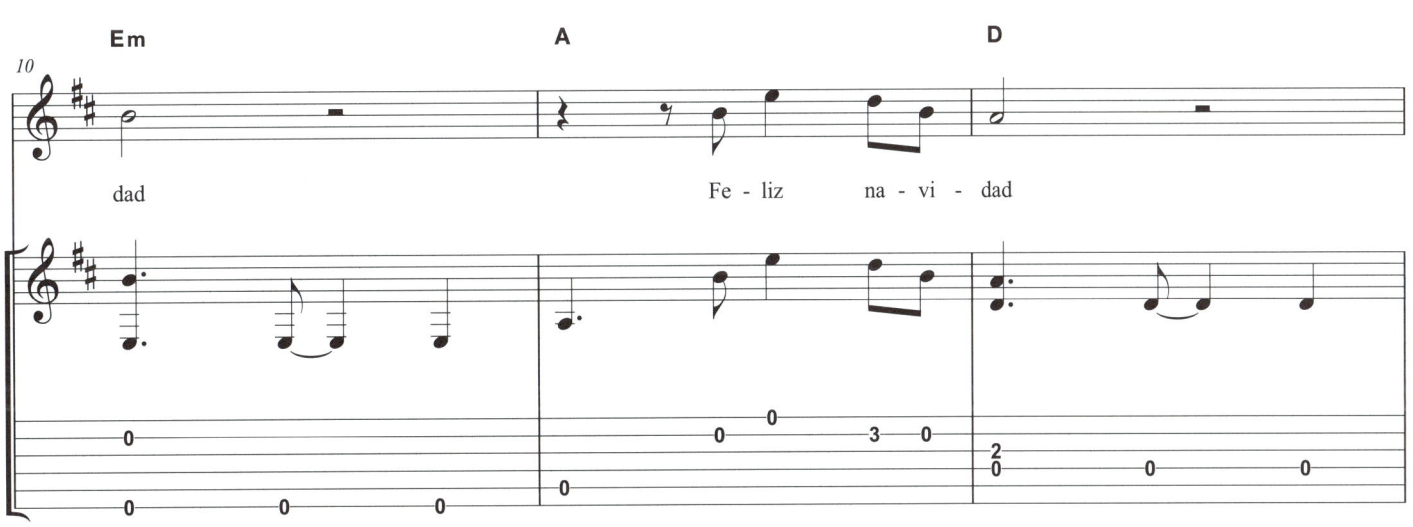

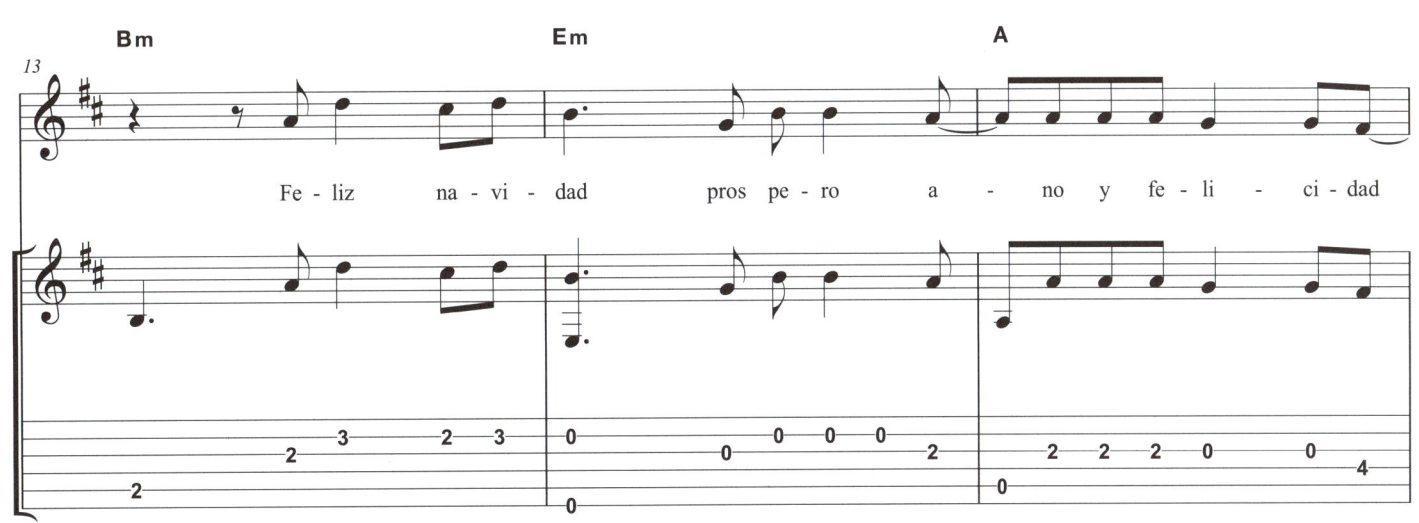

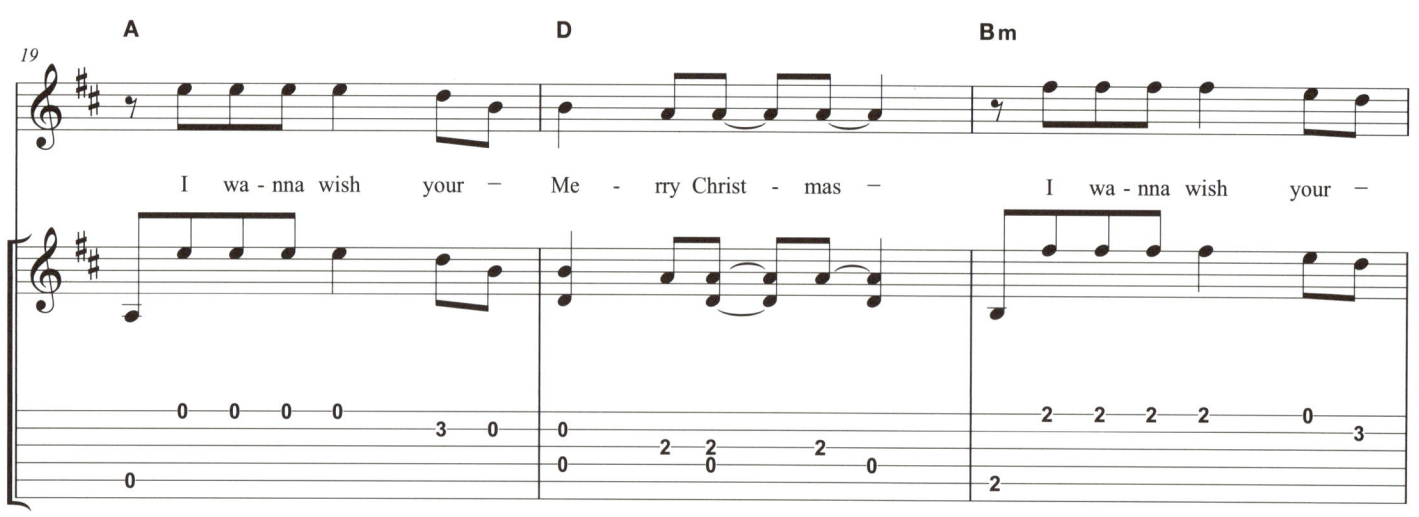

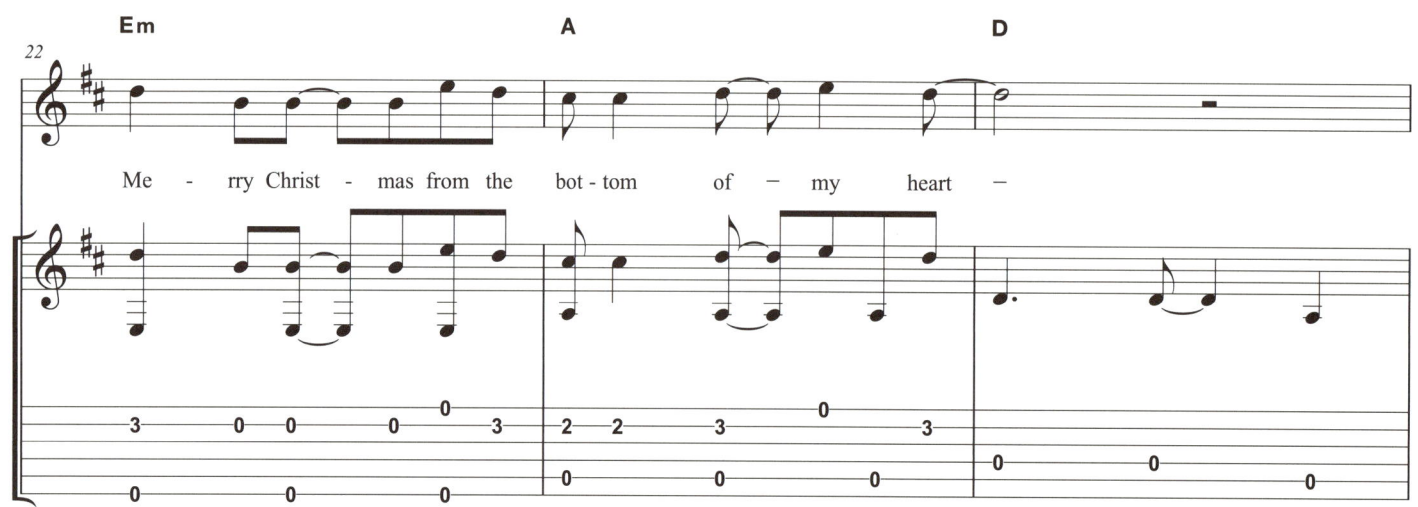

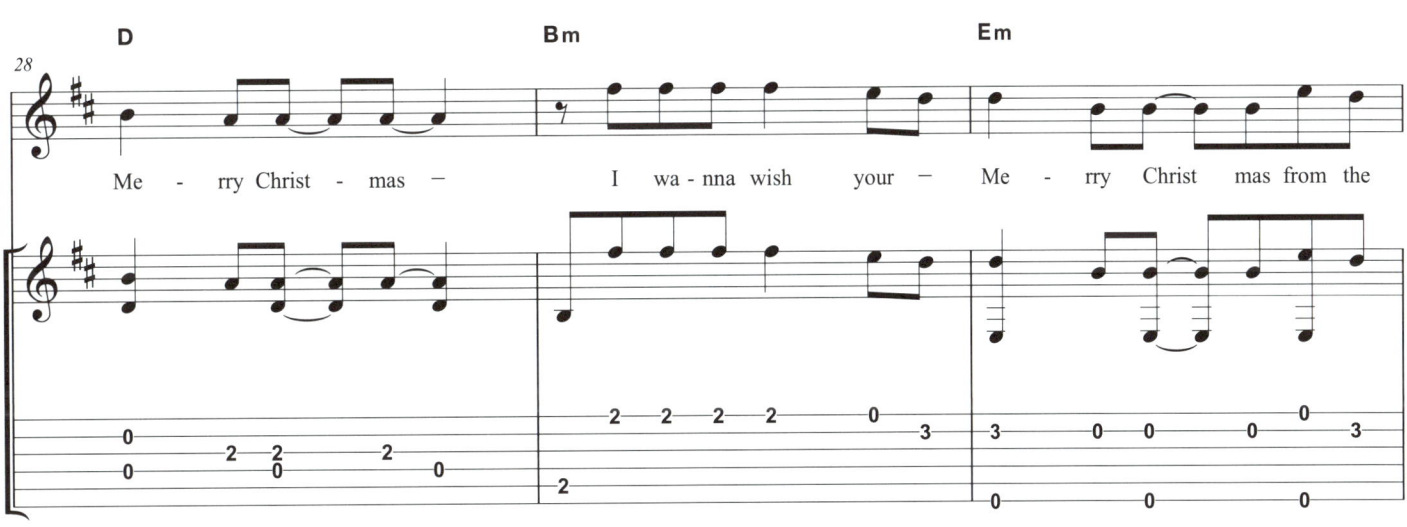

18. 크리스마스에는 축복을

김현철 작사
김현철 작곡

♩ = 78

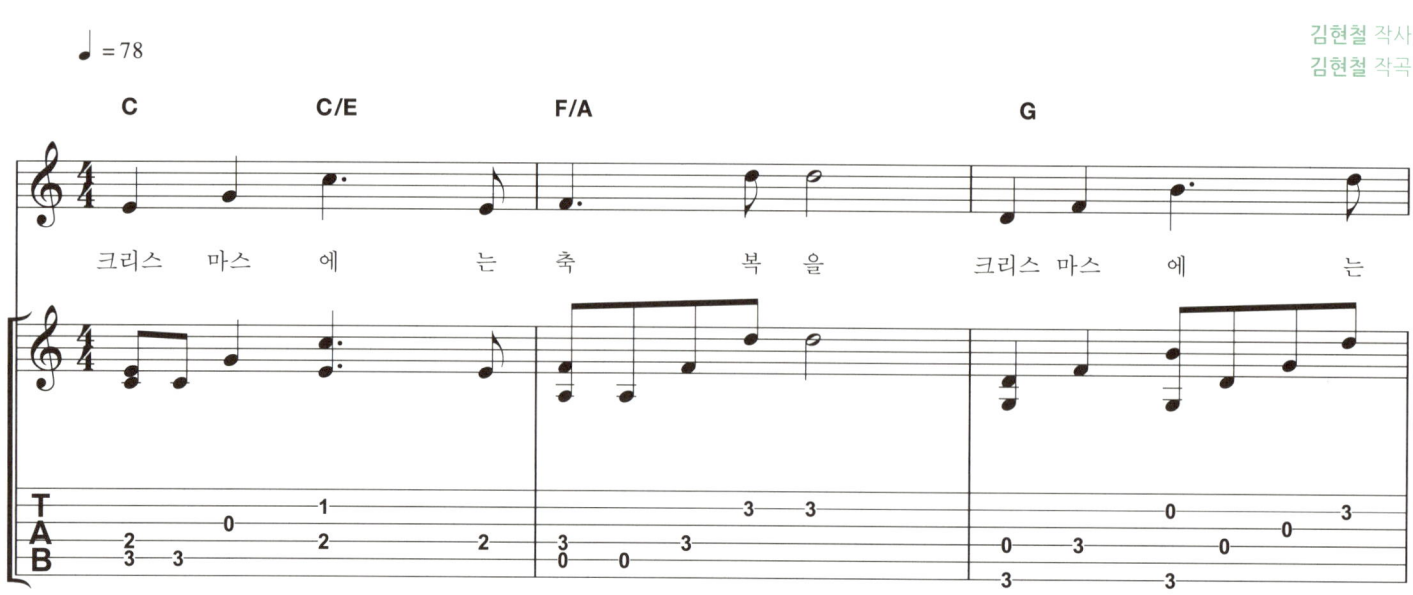

크리스 마스 에 는 축 복 을 크리스 마스 에 는

사 랑을 당신 과 만 나 는 그 날 을

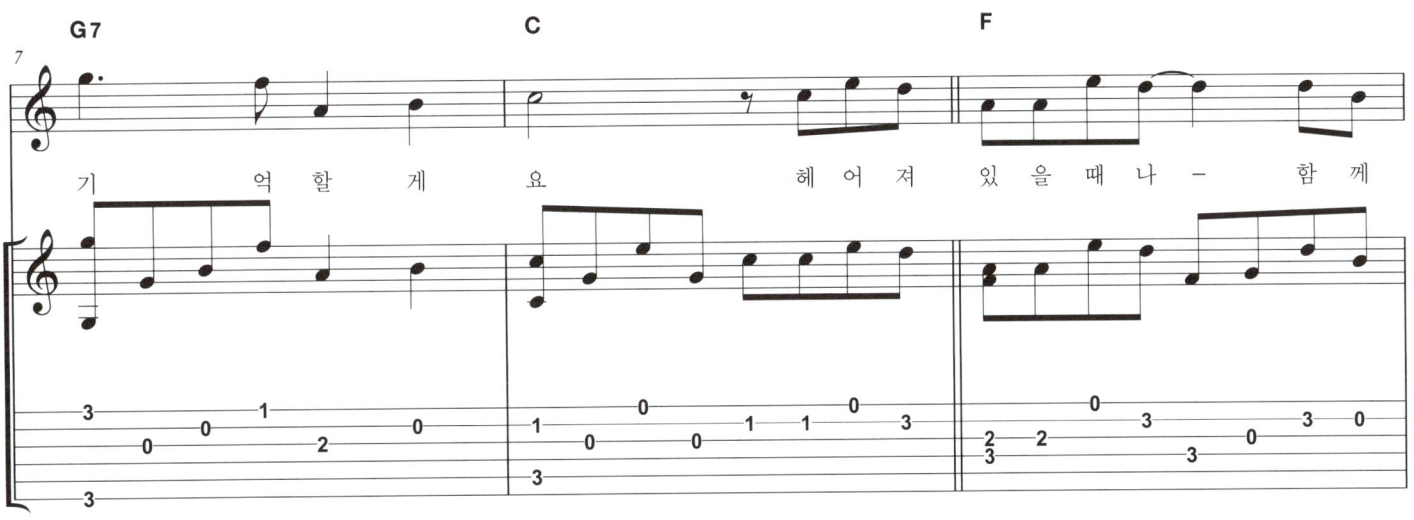

기 억 할 게 요   헤 어 져 있 을 때 나 – 함 께

있 을 때 도 – 나 에 겐 아 무 상 관 없 어 –

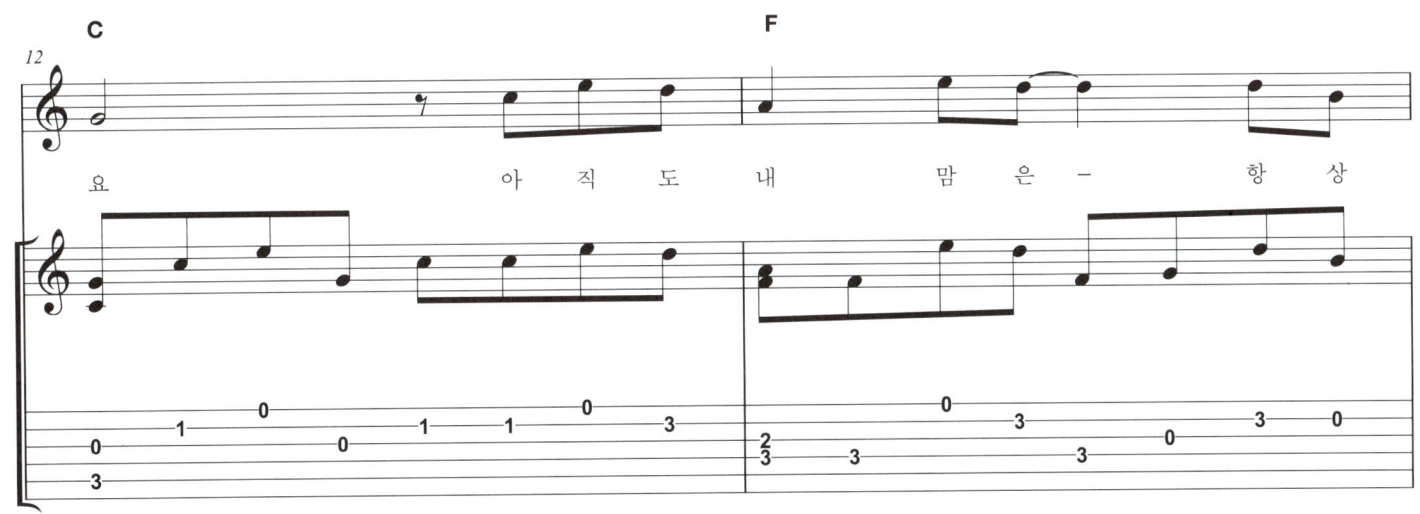

요   아 직 도 내 맘 은 – 항 상

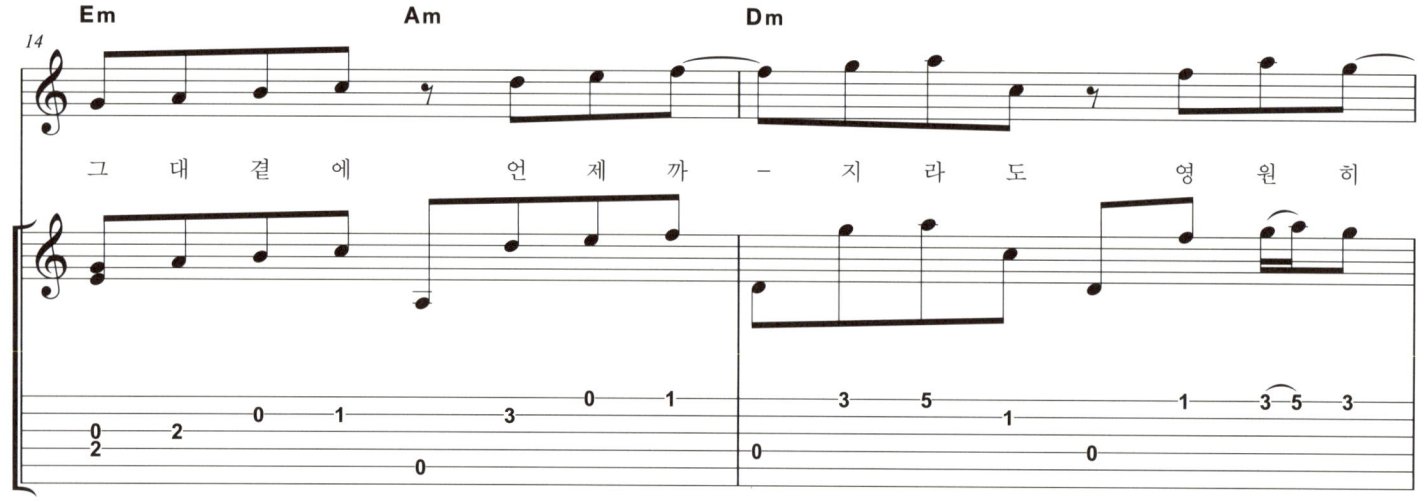

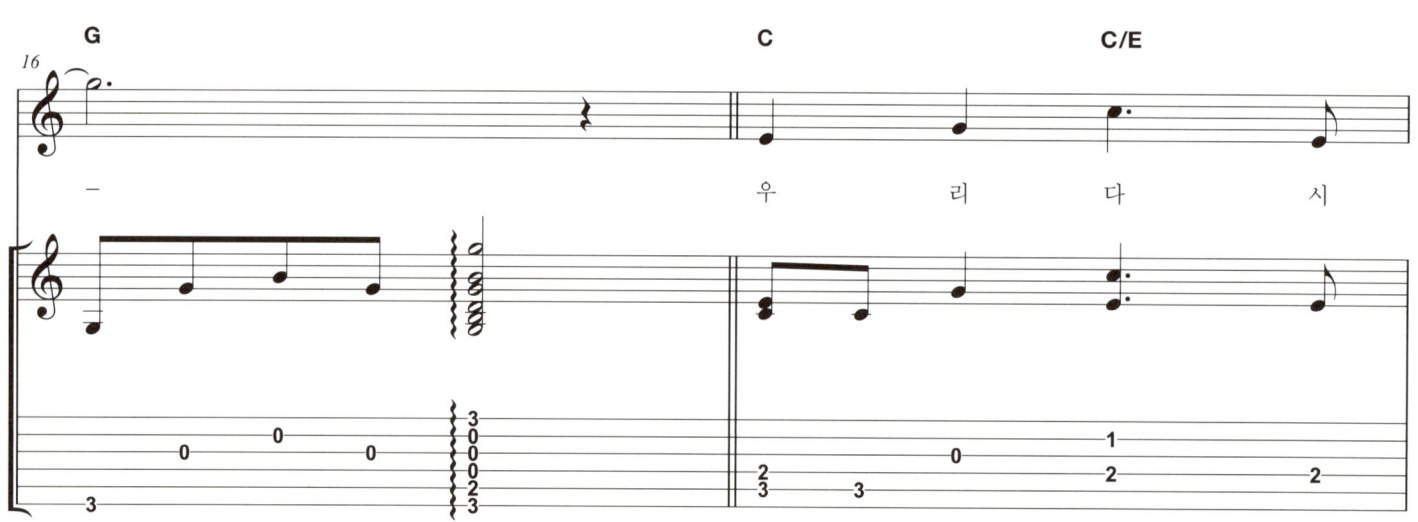

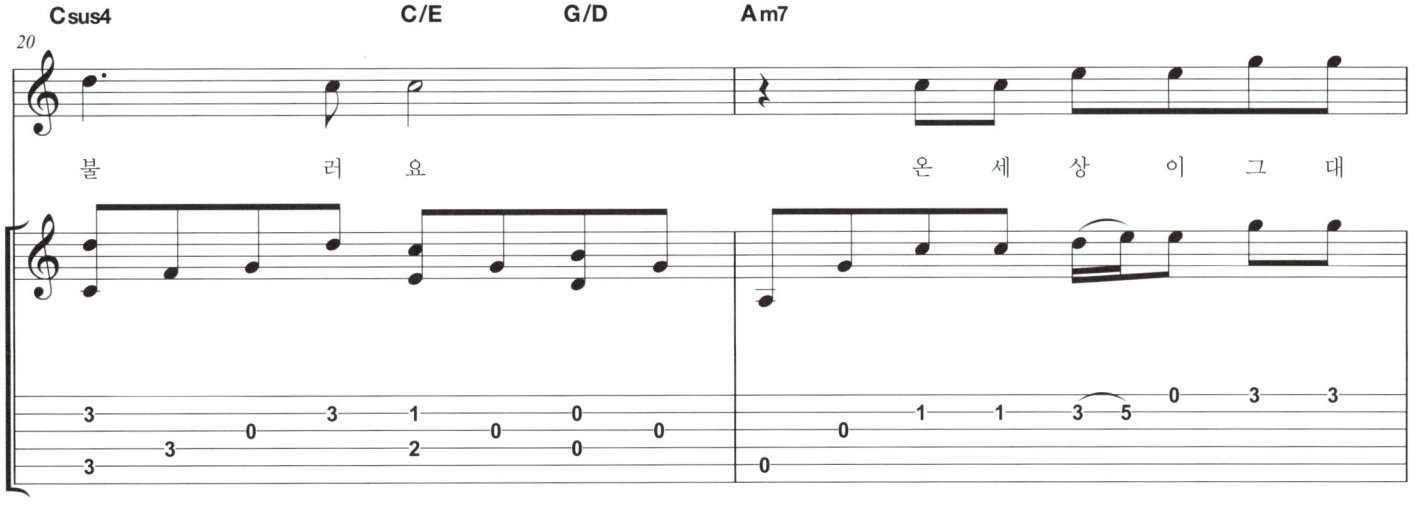

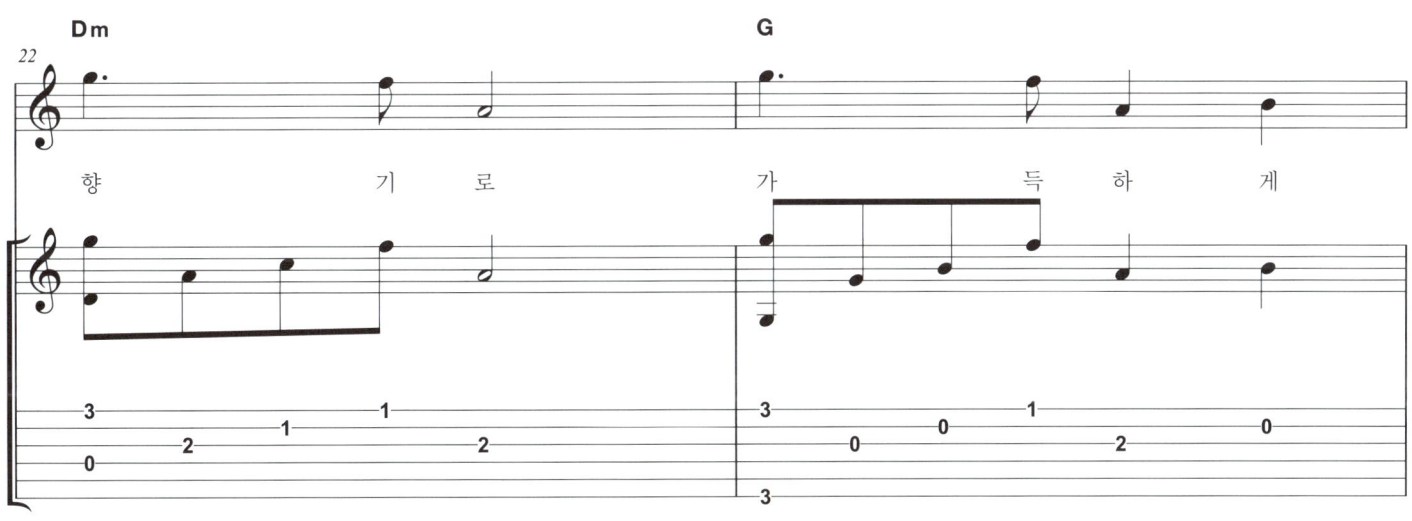

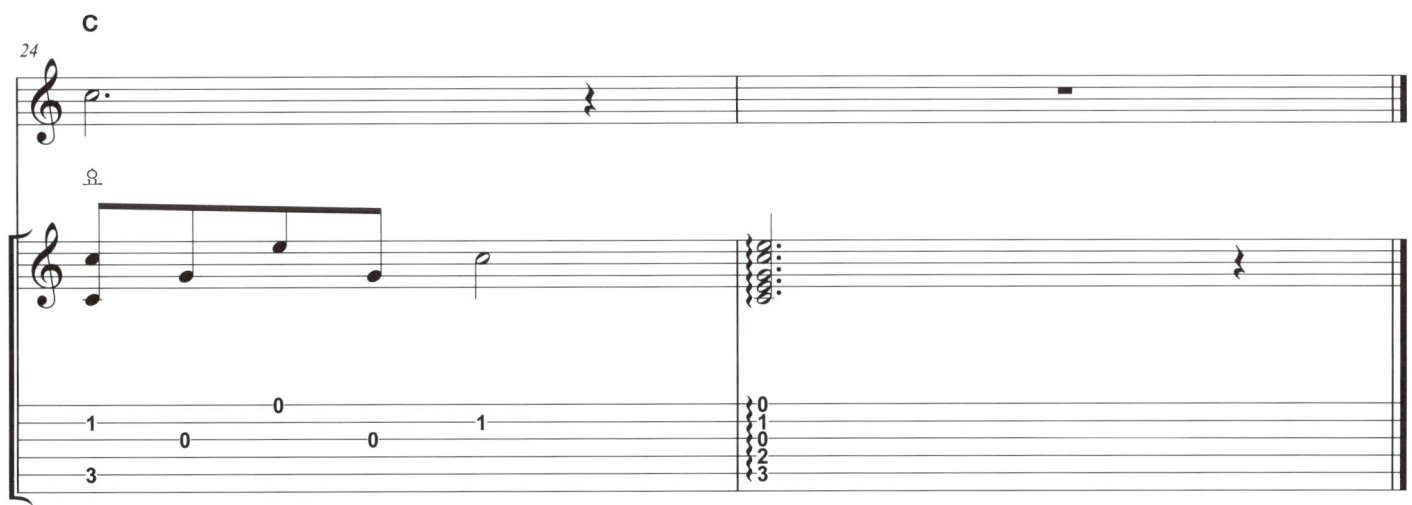

19. 화이트 크리스마스

White Christmas

Irving Berlin 작사
Irving Berlin 작곡

I'm   drea - ming   of   a   White

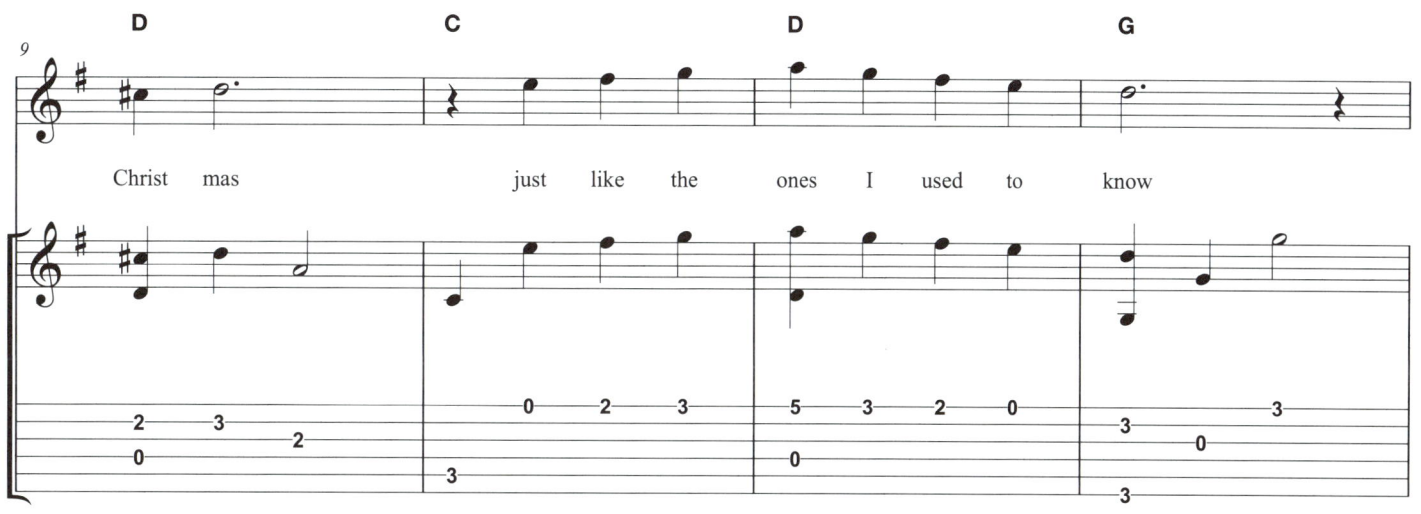

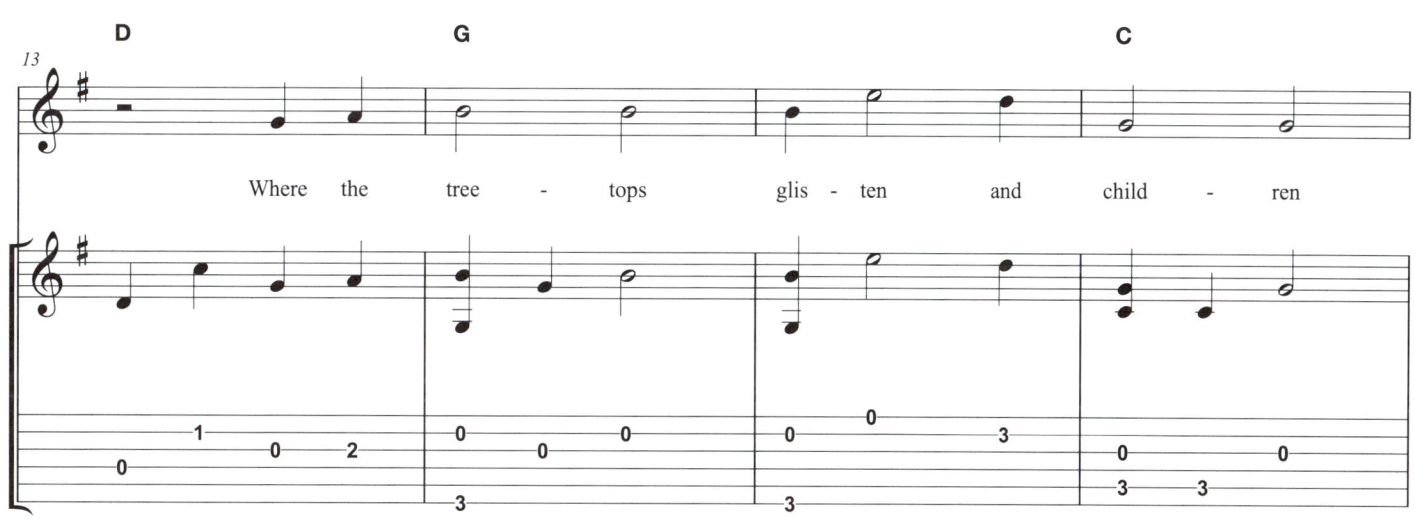

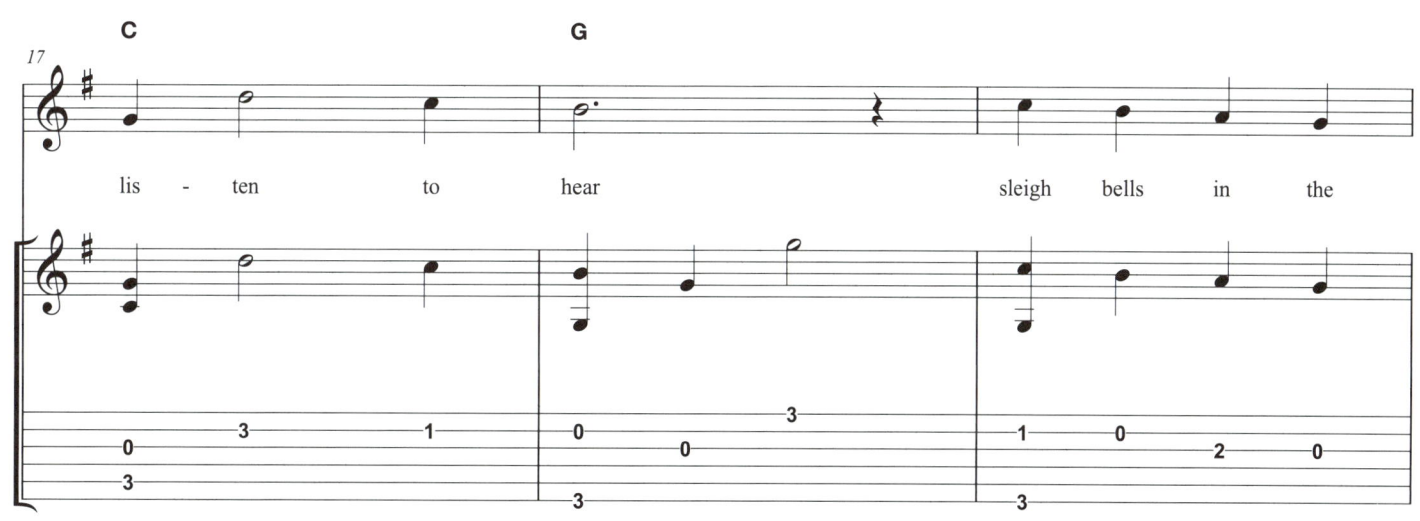

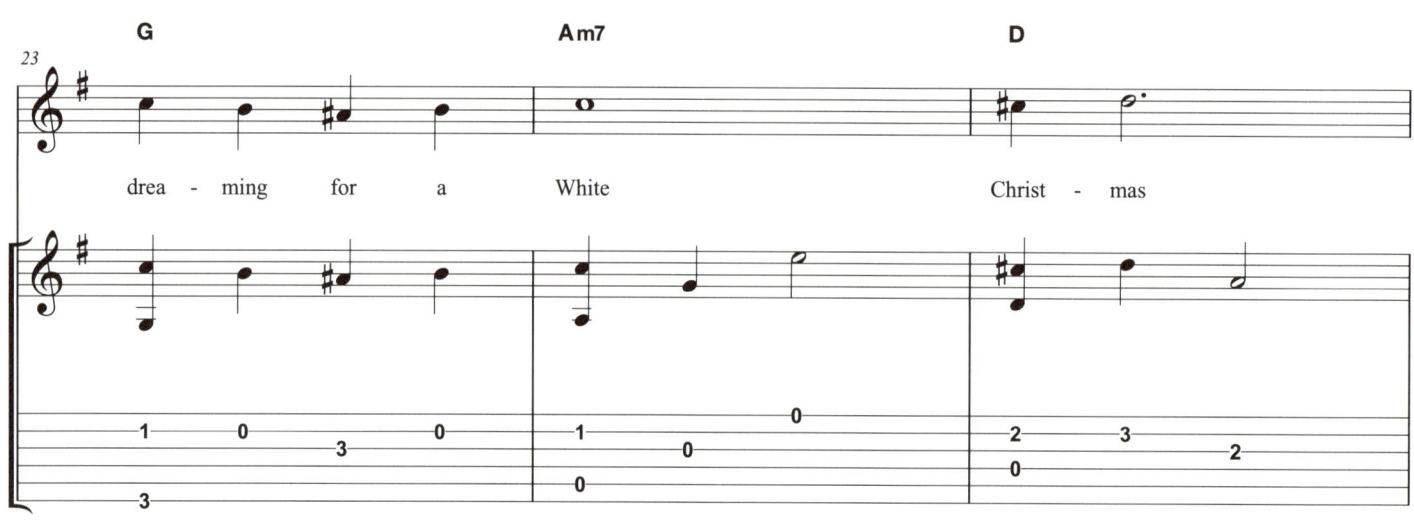

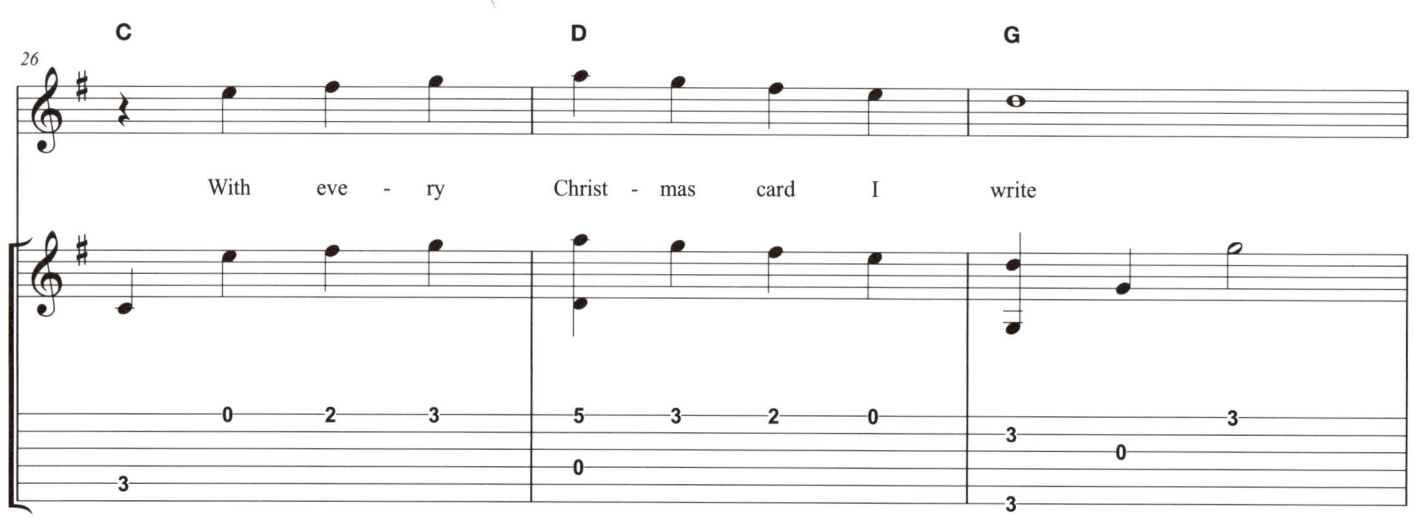

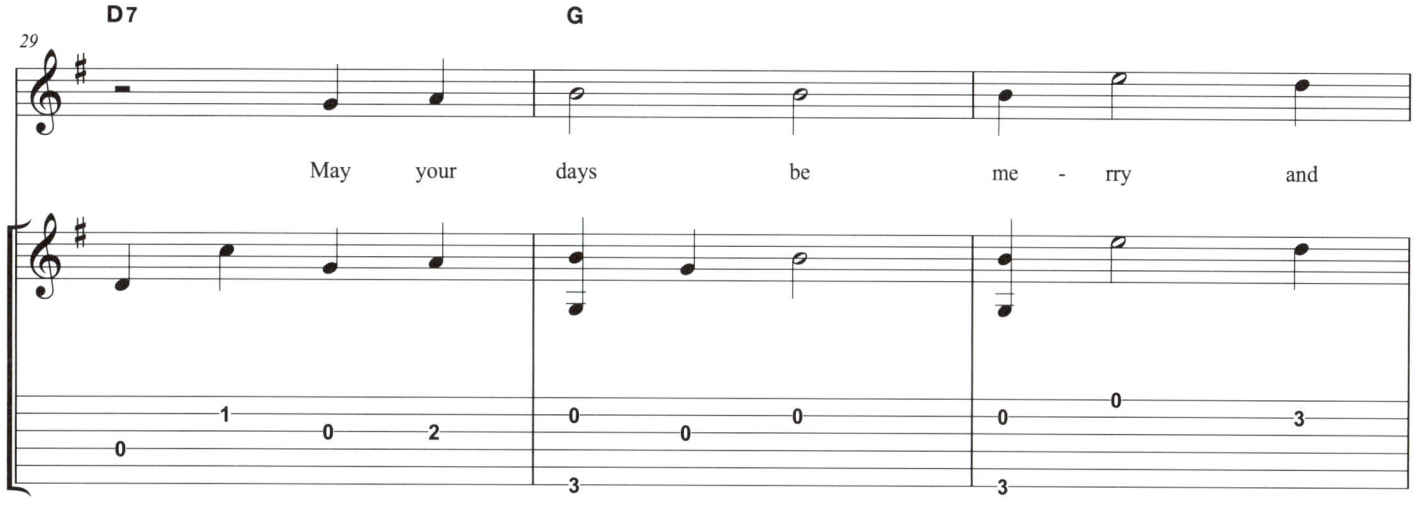

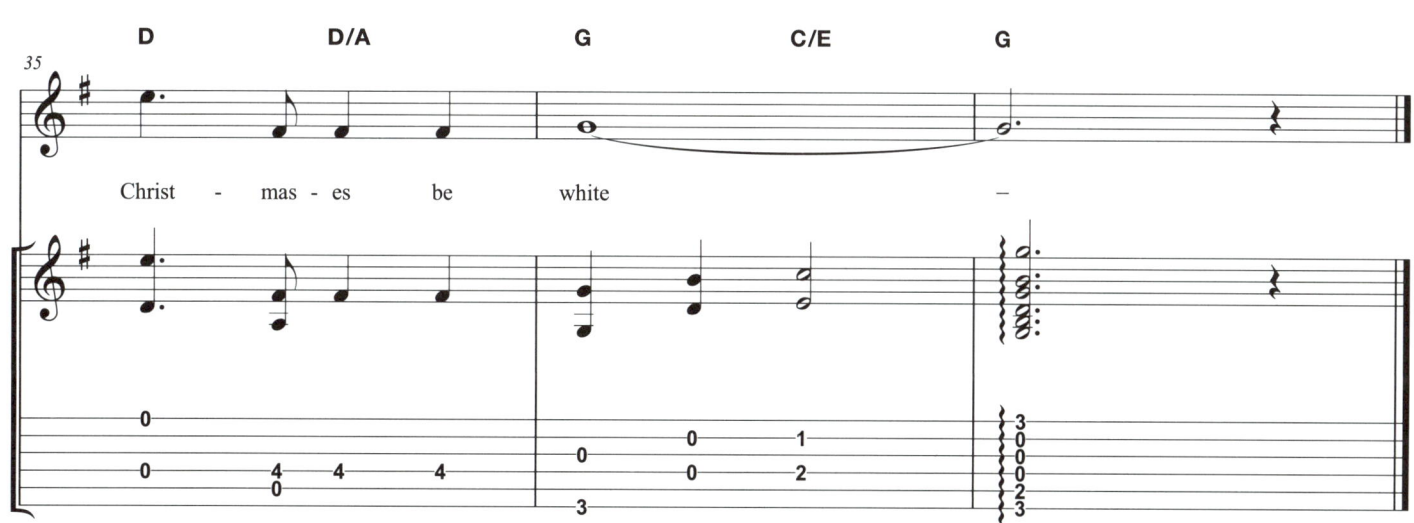

20. 오 베들레헴 작은 골

O Little Town Of Bethelehem

P. Brooks 작사
L. H. Redner 작곡

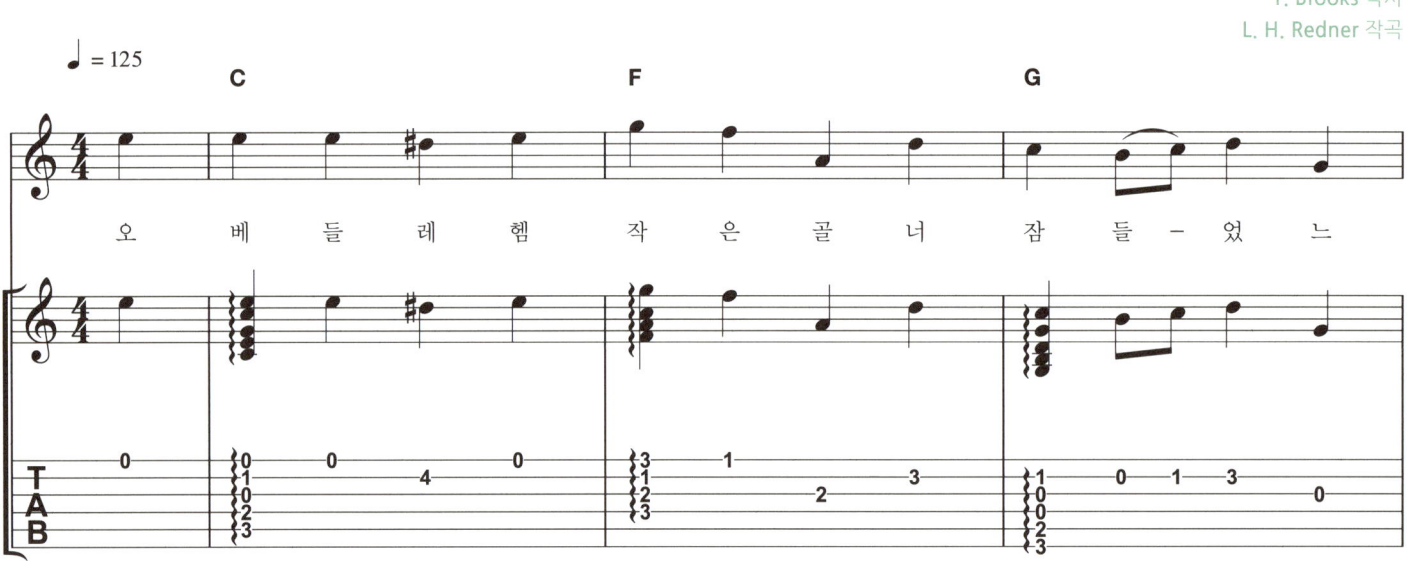

오 베 들 레 헴 작 은 골 너 잠 들 - 었 느

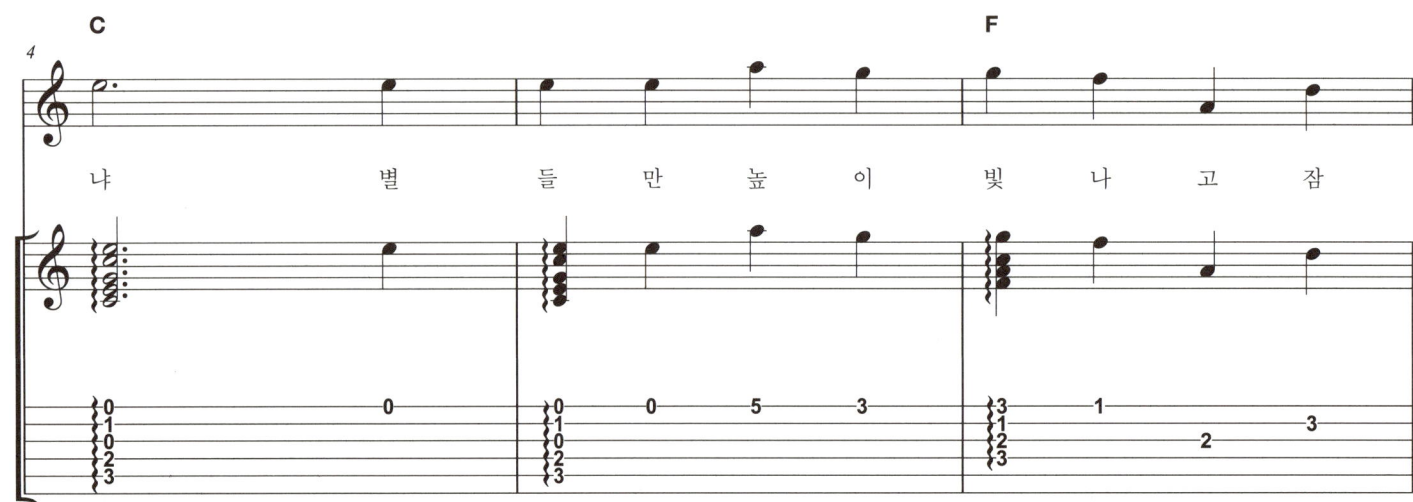

냐 별 들 만 높 이 빛 나 고 잠

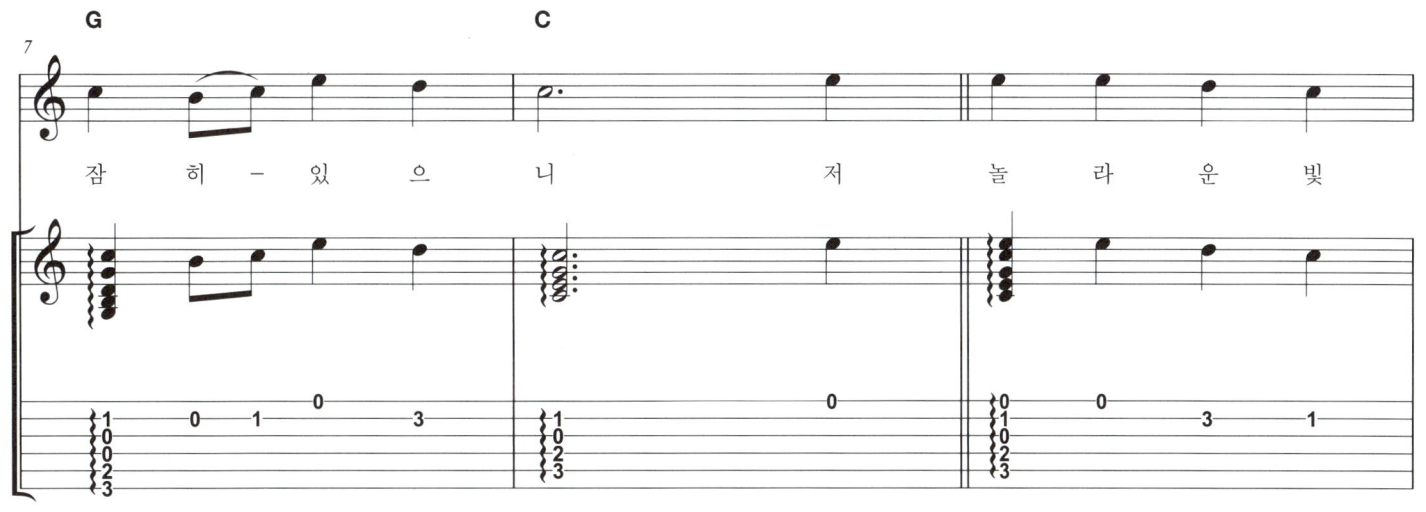

잠 히 - 있 으 니 저 놀 라 운 빛

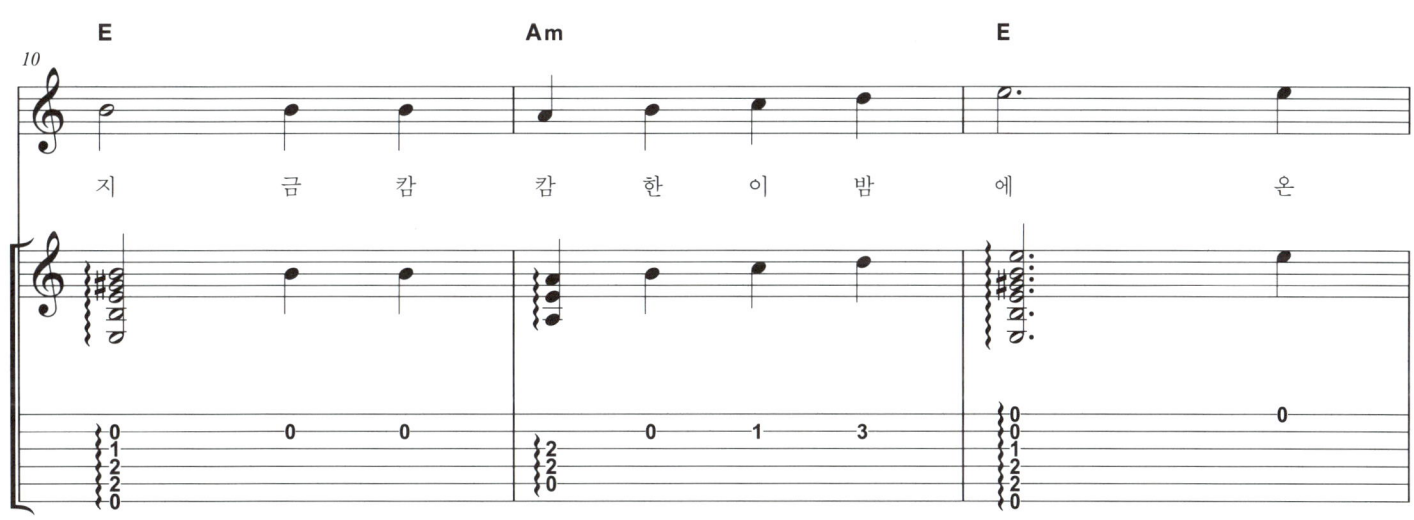

지 금 캄 캄 한 이 밤 에 온

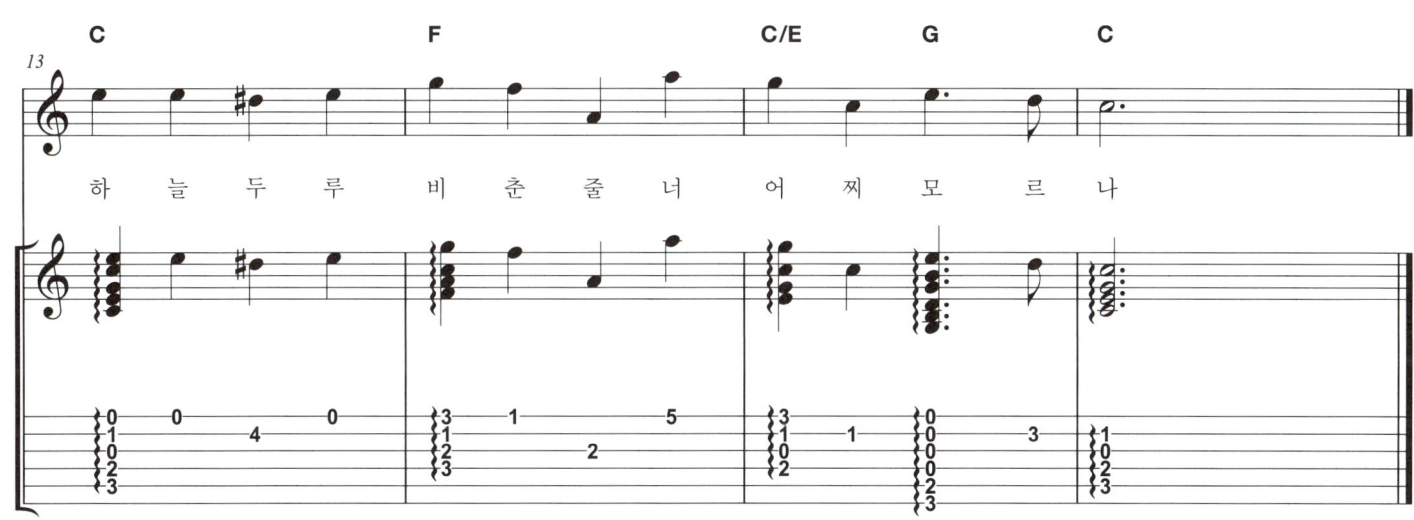

하 늘 두 루 비 춘 줄 너 어 찌 모 르 나

21. 북 치는 소년

The Little Drummer Boy

K.Davis, H. Onarati, H. Simeone 작사
K.Davis, H. Onarati, H. Simeone 작곡

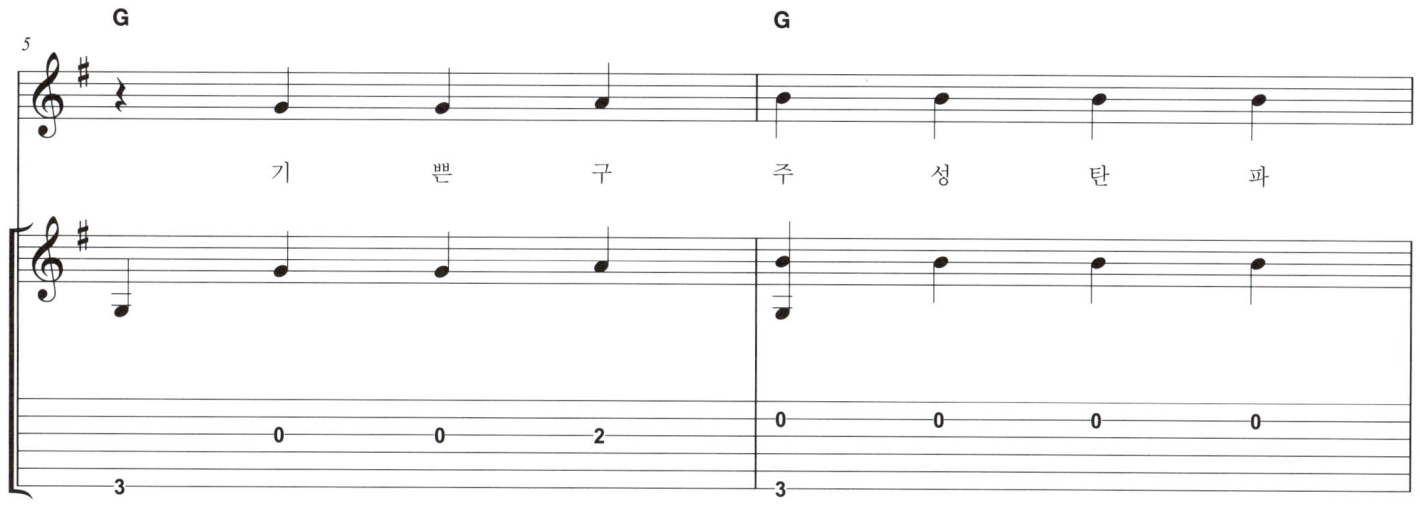

기 쁜 구 주 성 탄 파

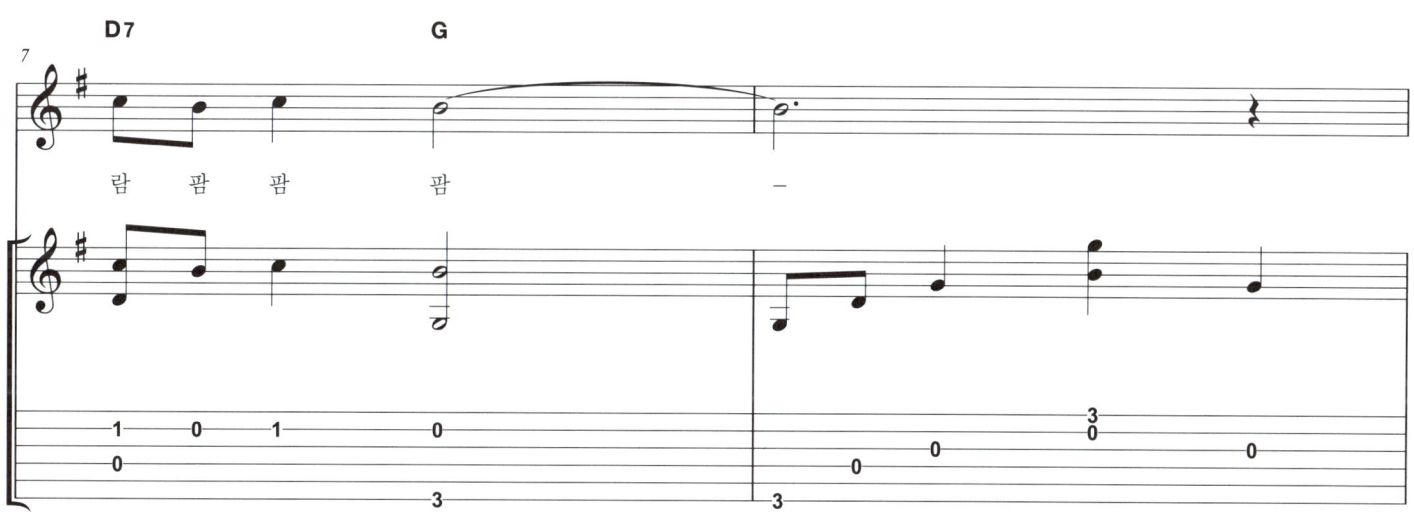

람 팜 팜 팜 —

즐 거 운 노 래 로 파

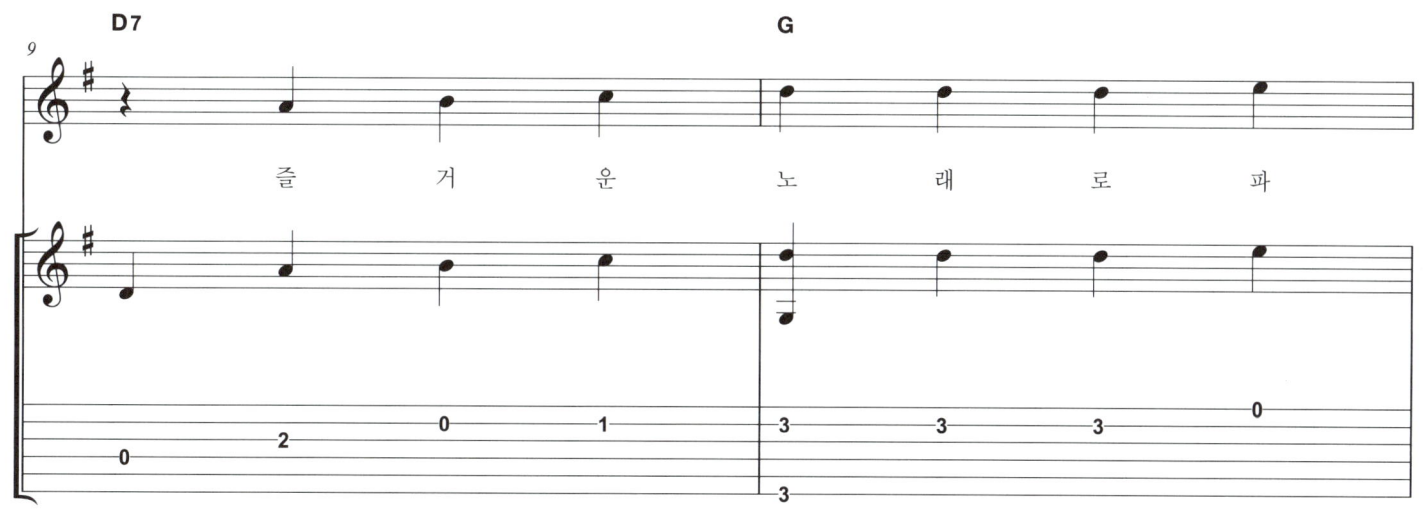

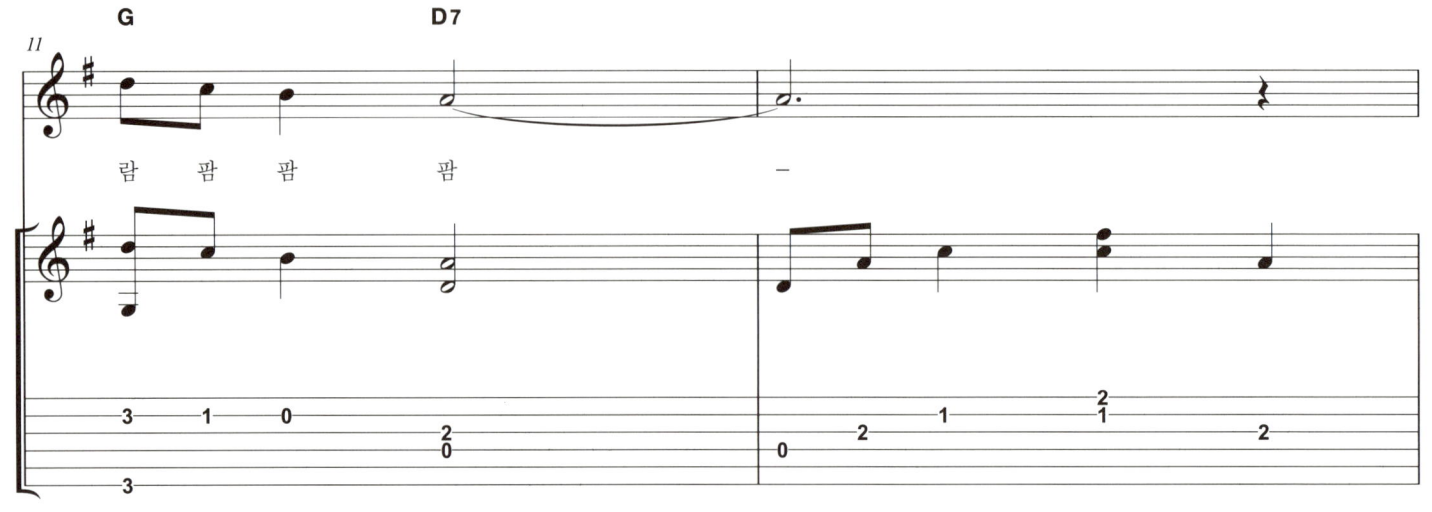

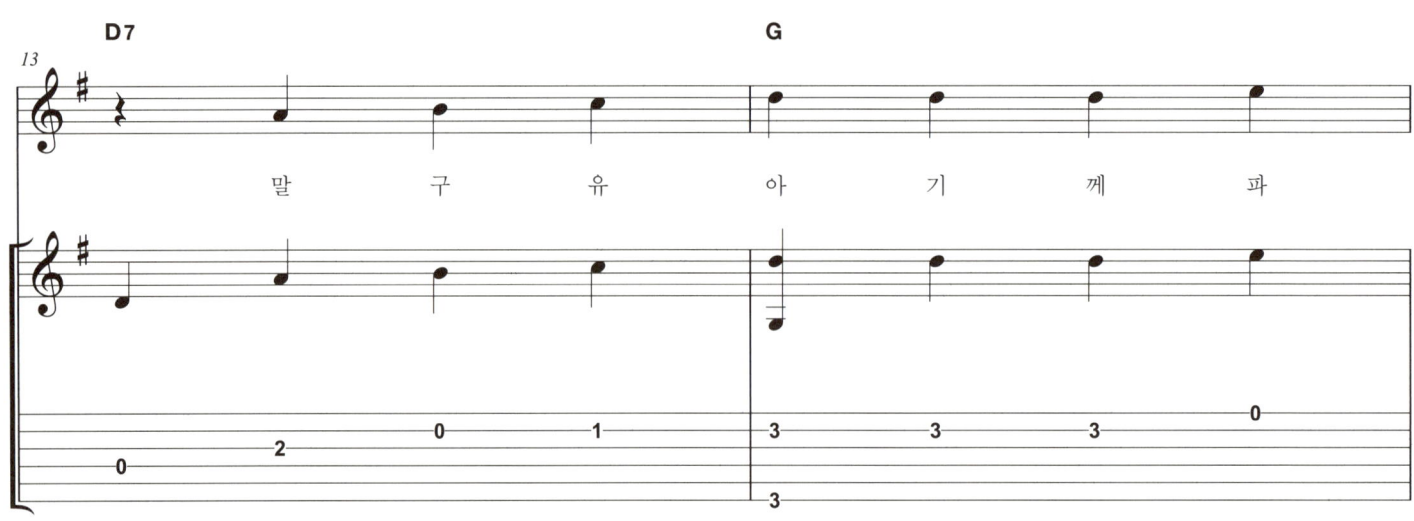

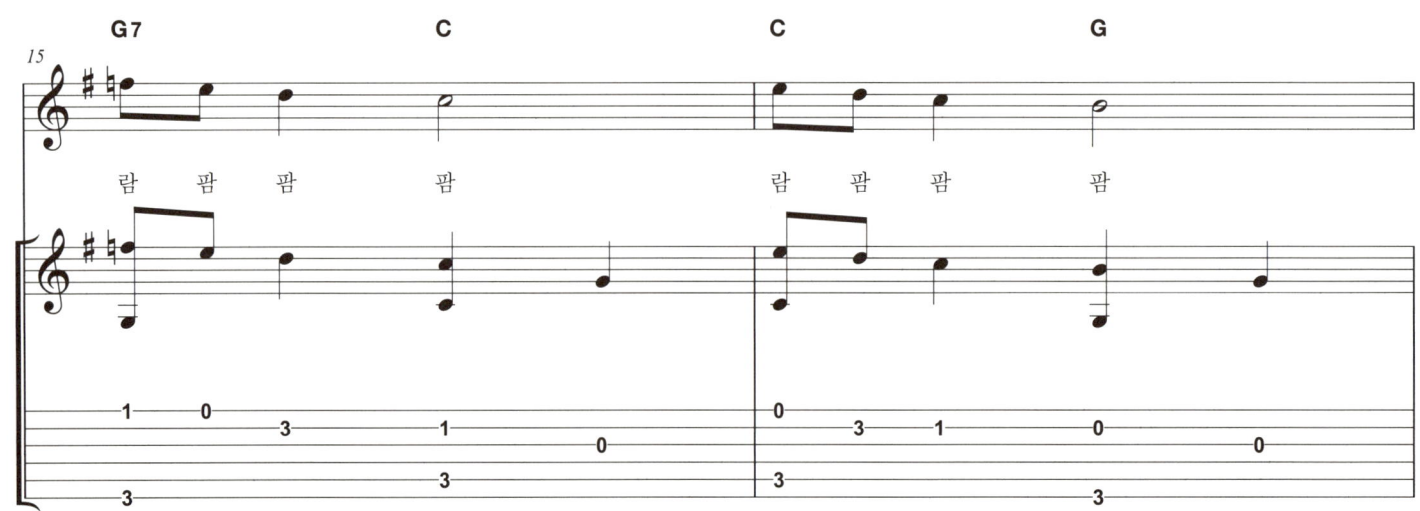

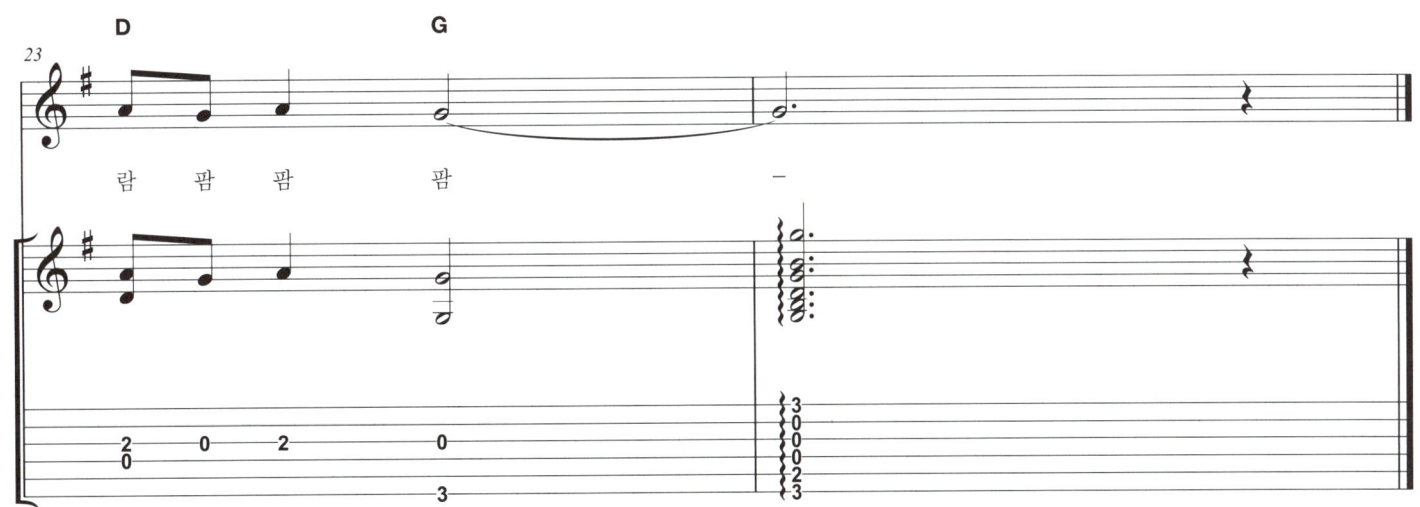

22. Love Song (흰 눈이 기쁨 되는 날)

김영아 작사
전준규 작곡

♩ = 118

흰 눈 이 기 쁨 되 는 날　　　흰 눈 이 미 소 되 는

날　　　흰 눈 이 꽃 잎 처 럼 내 려 와 우 리

의 사 랑 축 복 해　　　　　　　　　지 금 순 간 을 위

－ 해 서 － 난 태 어 난 건 － 아 닐 까 －

깊 은 잠 에 서 눈 － 뜨 면 － 꺼 질 마 법 은 － 아 닐 까

그 대 의 사 랑 이 되 고 파 -   오

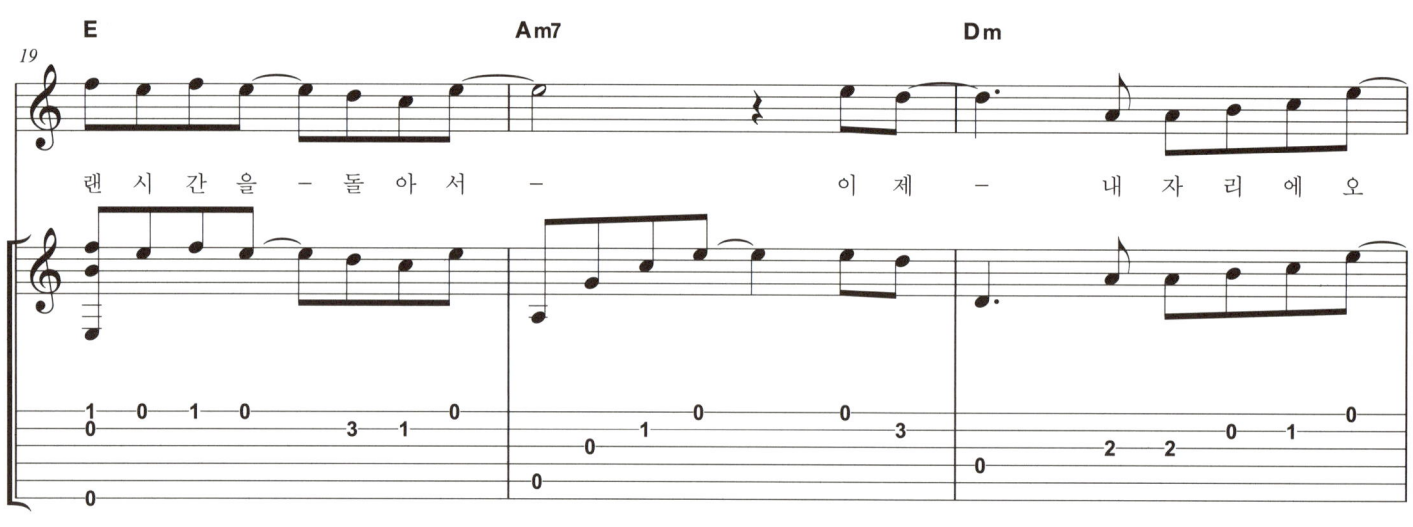

랜 시 간 을 - 돌 아 서 -   이 제 - 내 자 리 에 오

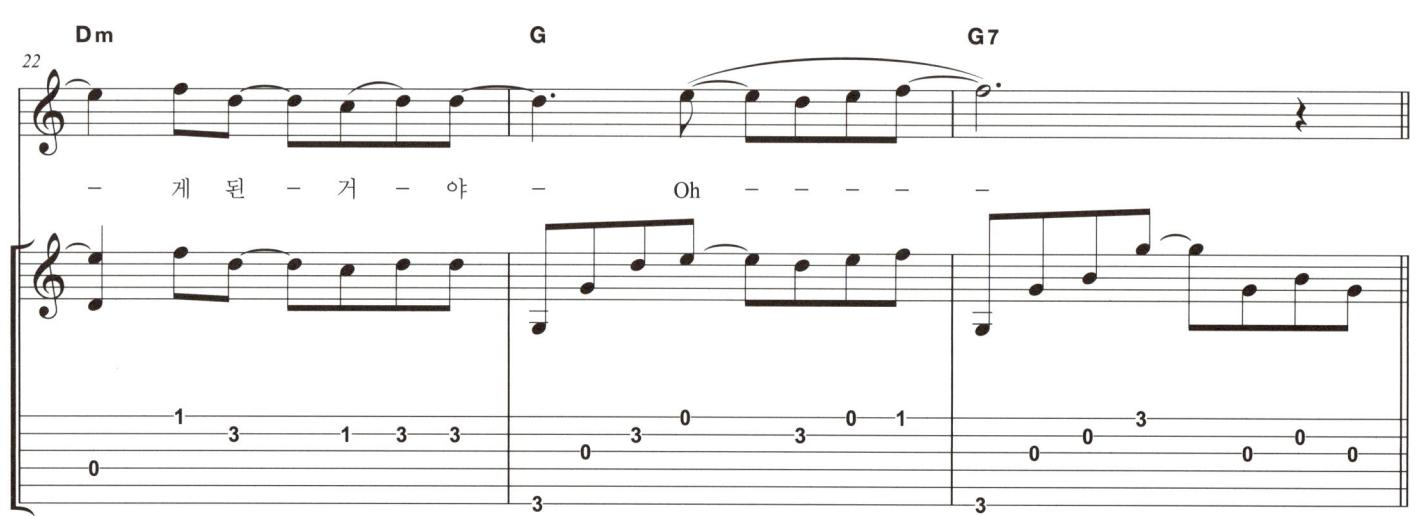

- 게 된 - 거 - 야 -   Oh - - - - -

74

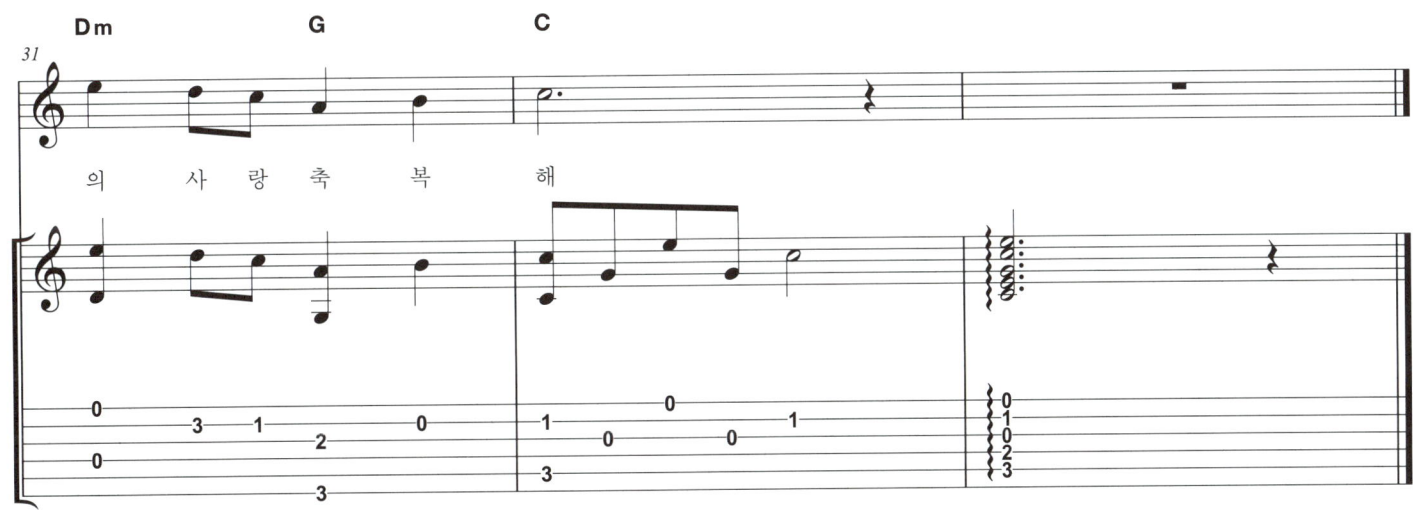

23. 아름답게 장식하세

Deck The Halls

Wales Folk Song

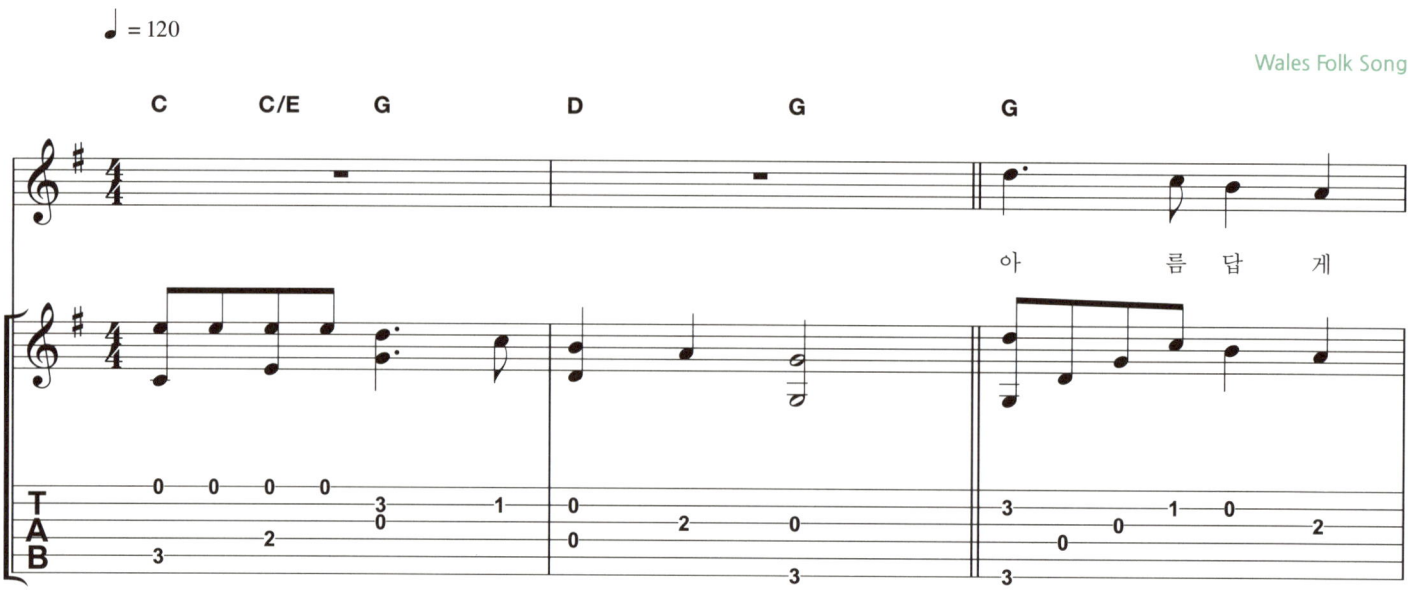

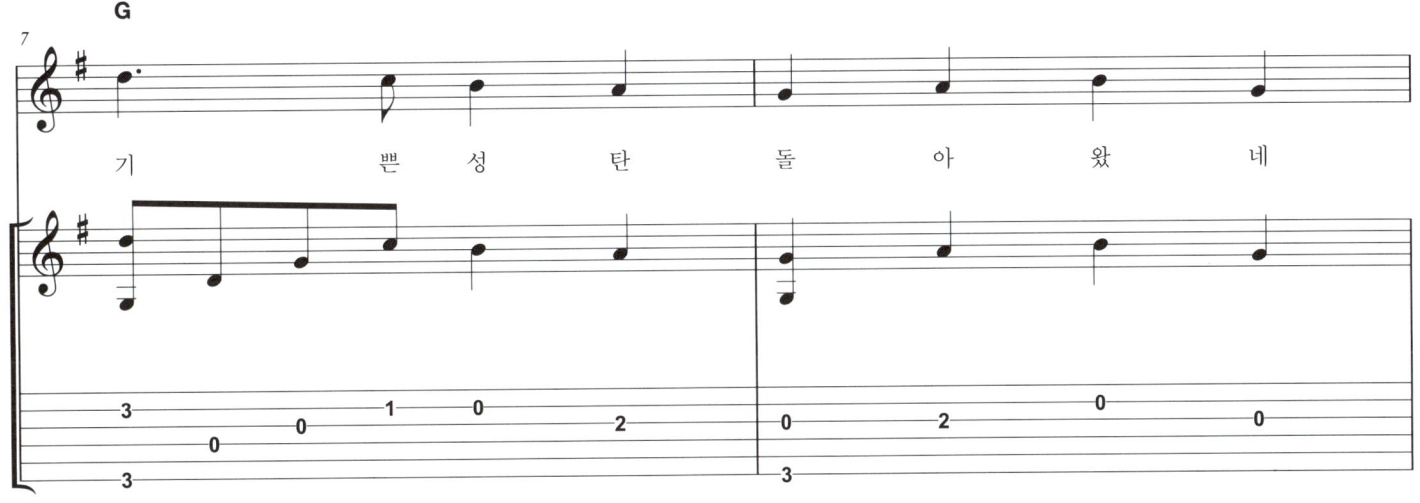

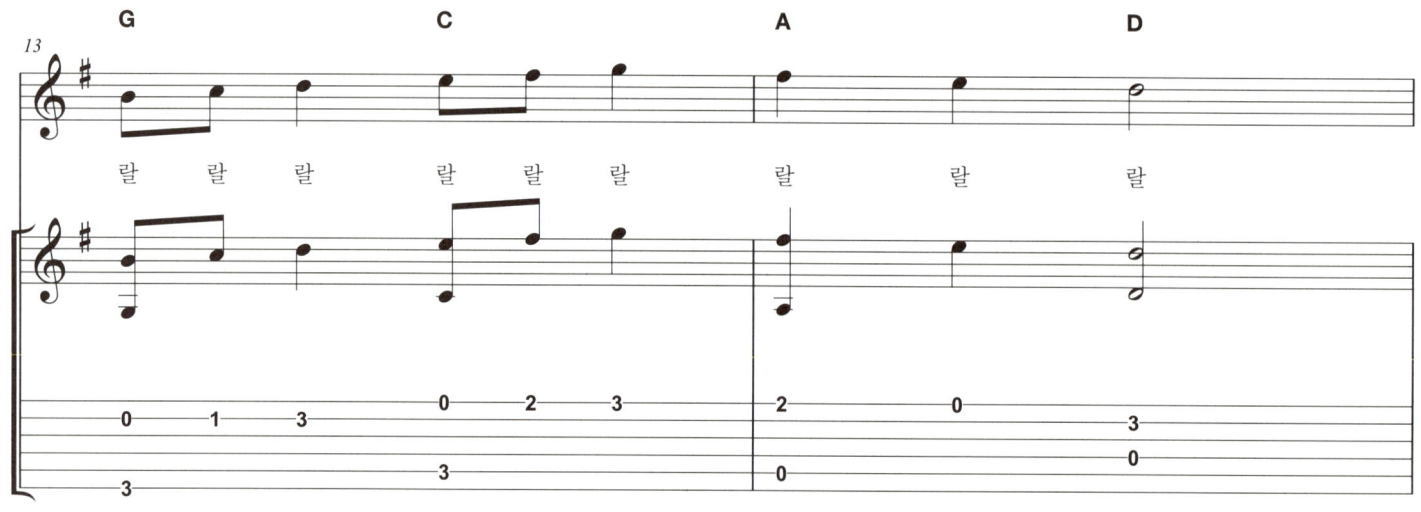

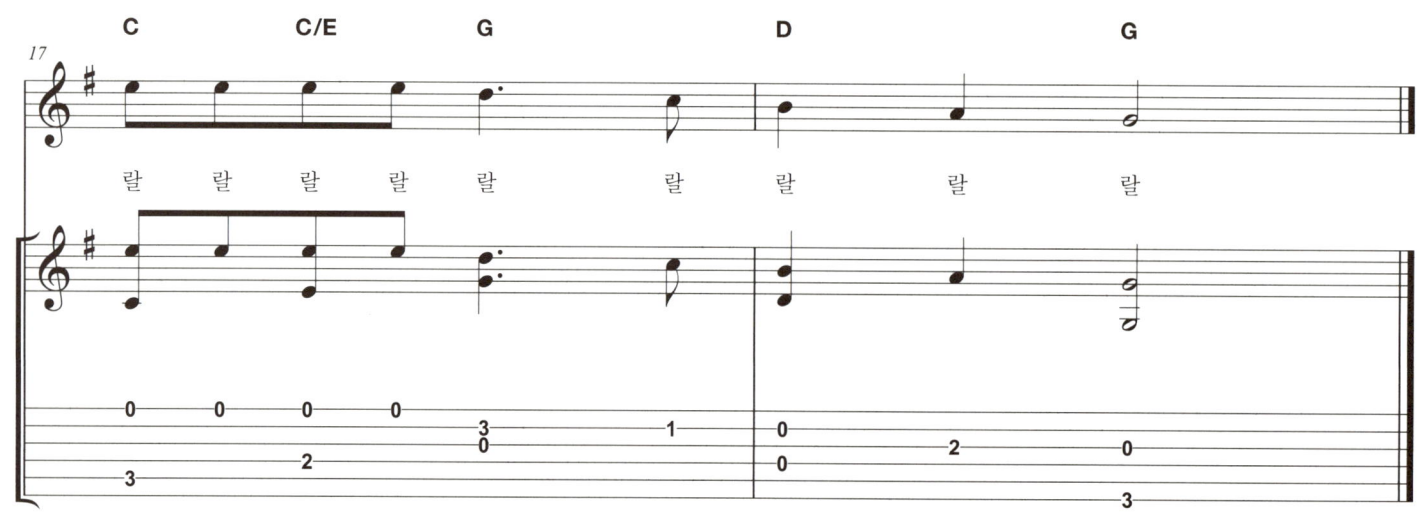

24. 탄일종

함처식 작사
장수철 작곡

♩ = 120

탄 일 종 이 땡 땡 땡   은 은 하 게 들 린 다   저

깊 고 깊 은 산 골   오 막 살 이 에 도   탄 일 종 이 울 린 다

25. You Raise Me Up

Brenden Graham 작사
Rolf Lovland 작곡

When I am down and oh my soul so wea-ry When trou-bles come and my heart bur-dended

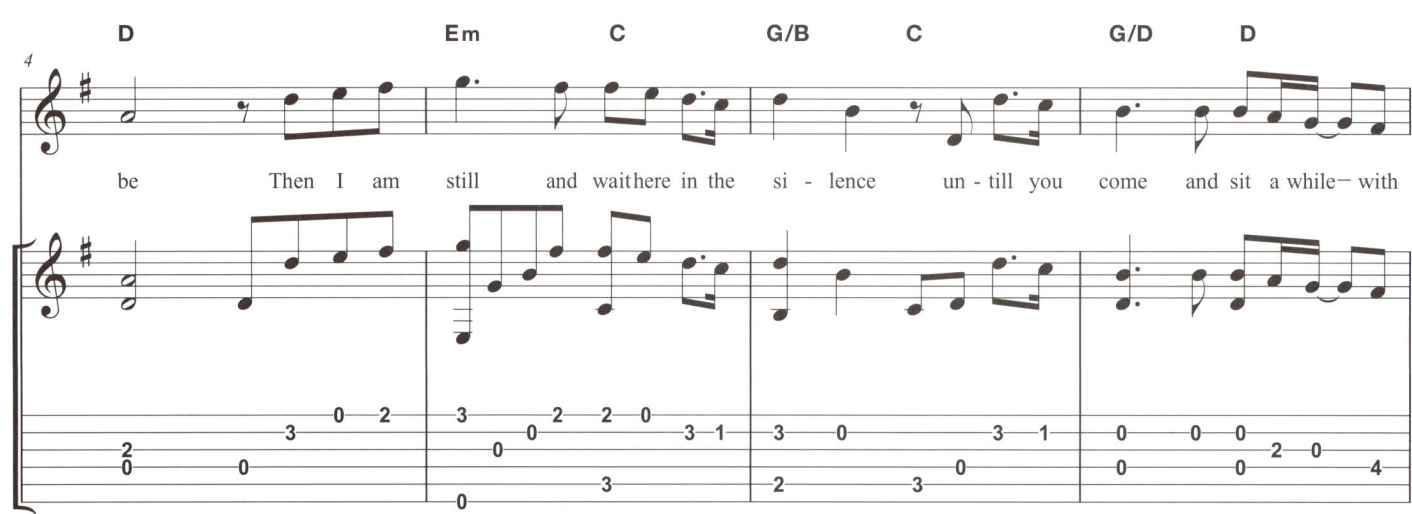

be Then I am still and wait here in the si - lence un - till you come and sit a while— with

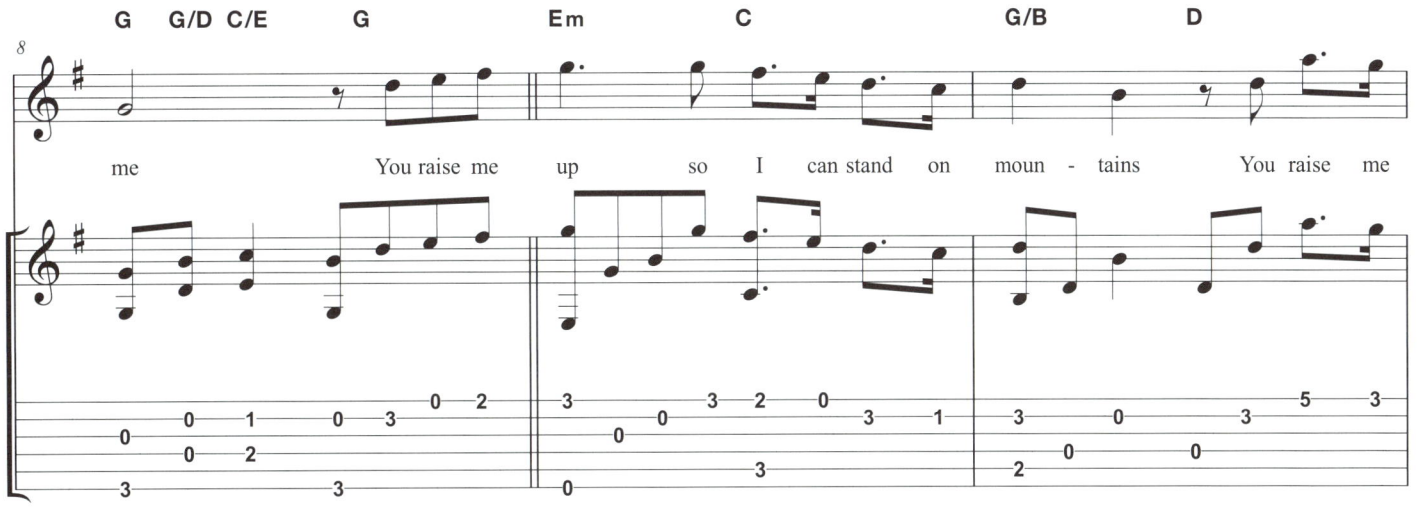

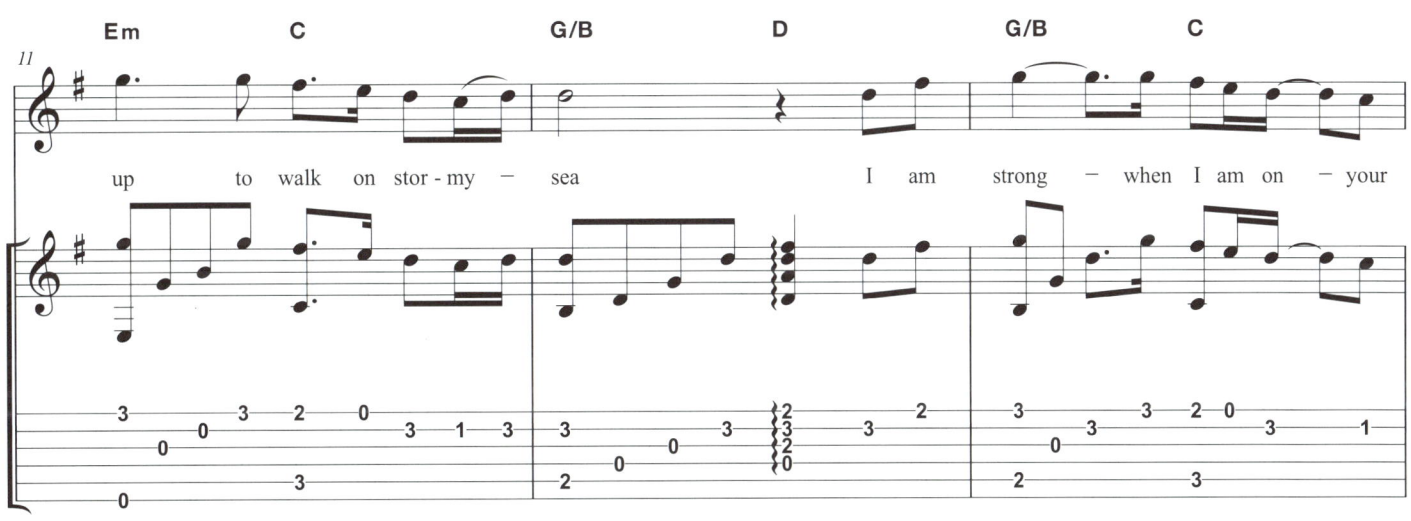

J. Bowring 작사
L. Mason 작곡

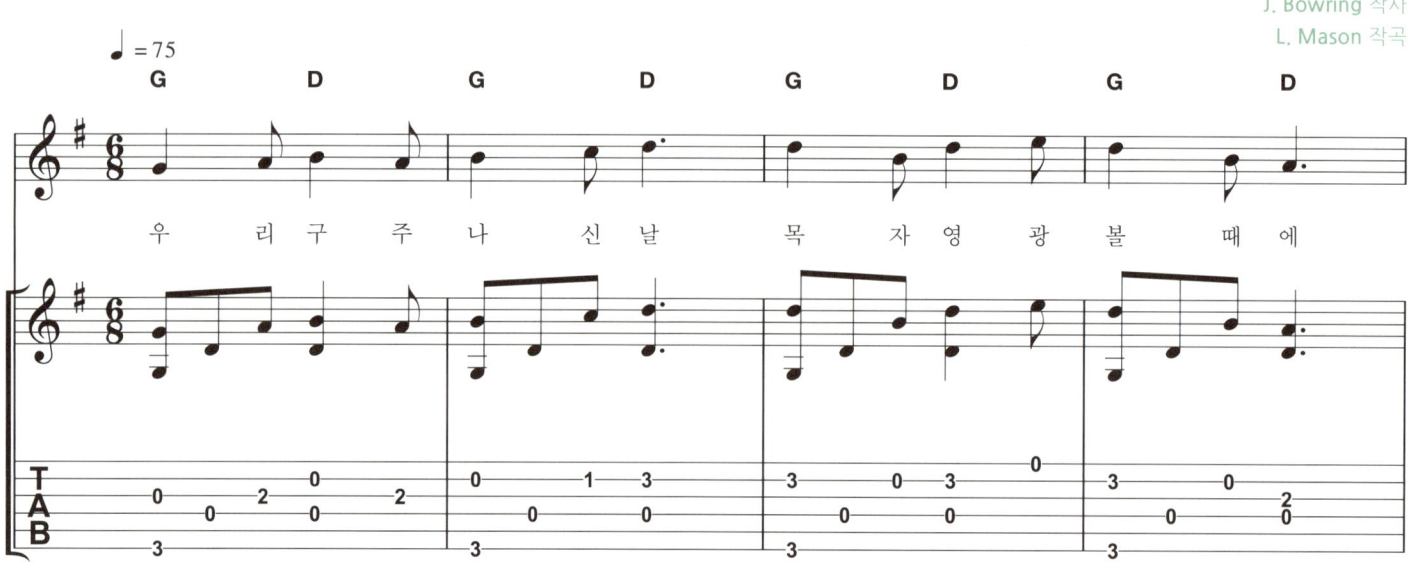

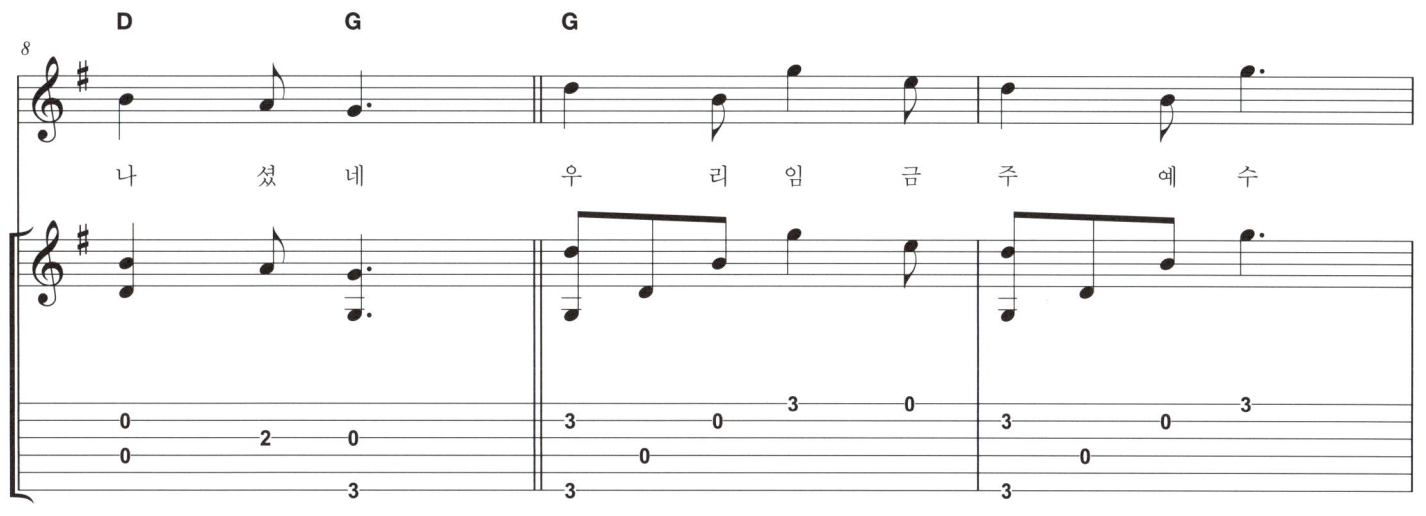

나 셨 네 우 리 임 금 주 예 수

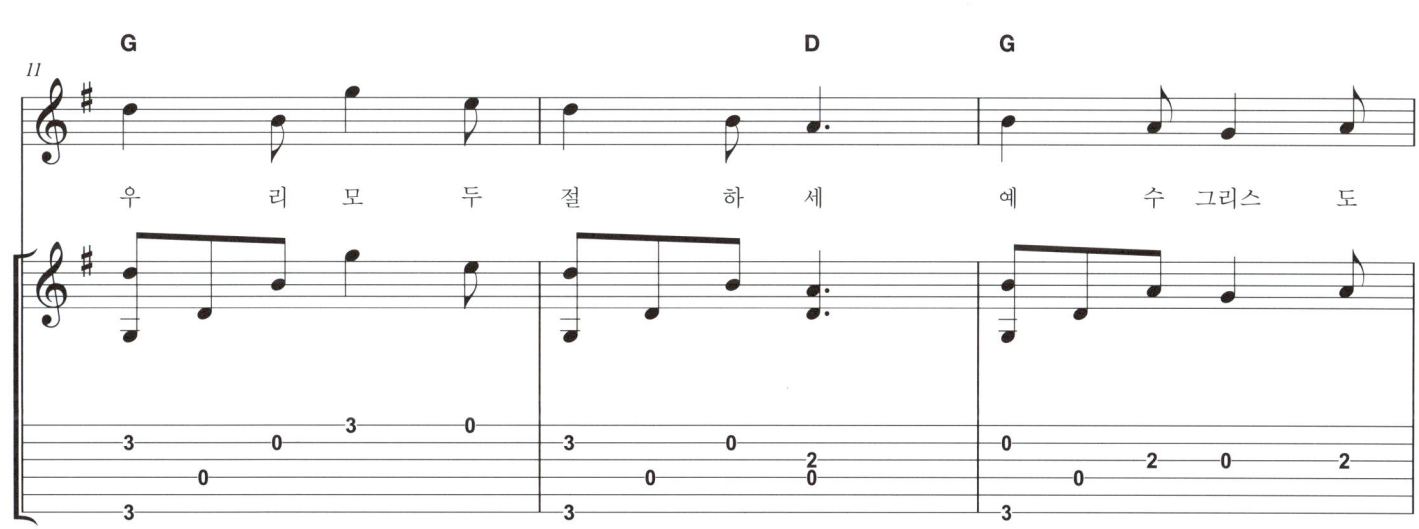

우 리 모 두 절 하 세 예 수 그 리 스 도

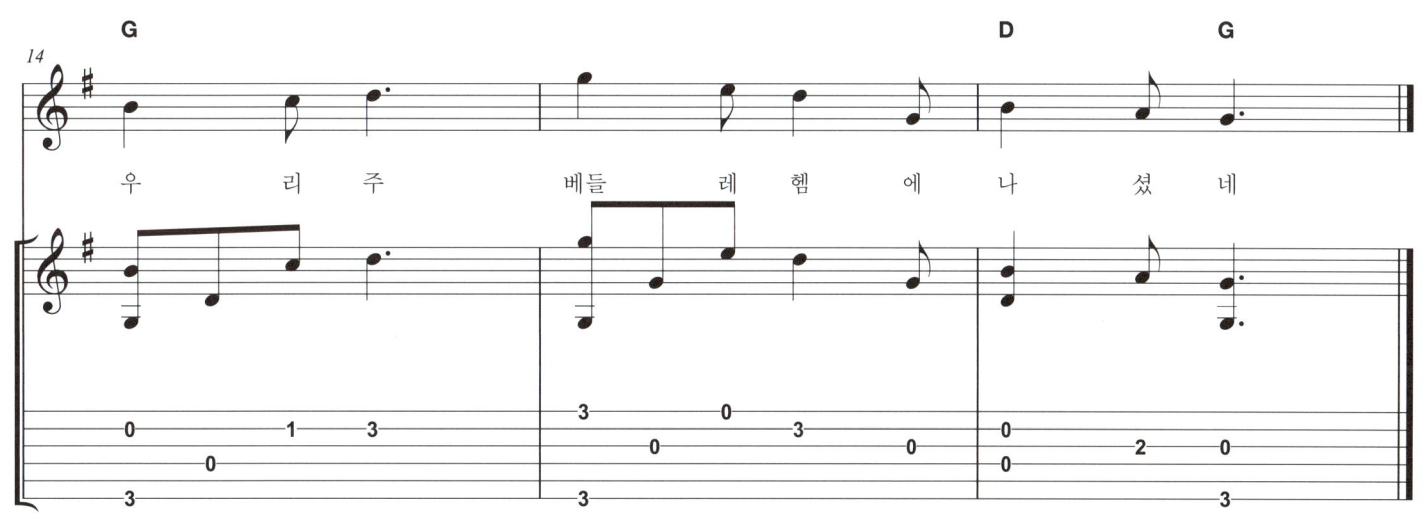

우 리 주 베 들 레 헴 에 나 셨 네

27. 만백성 기뻐하여라

God Rest You Merry, Gentleman

Traditional English Carol

만 백 성 기 뻐 하 여 라 하 늘 의 평 화 가 저

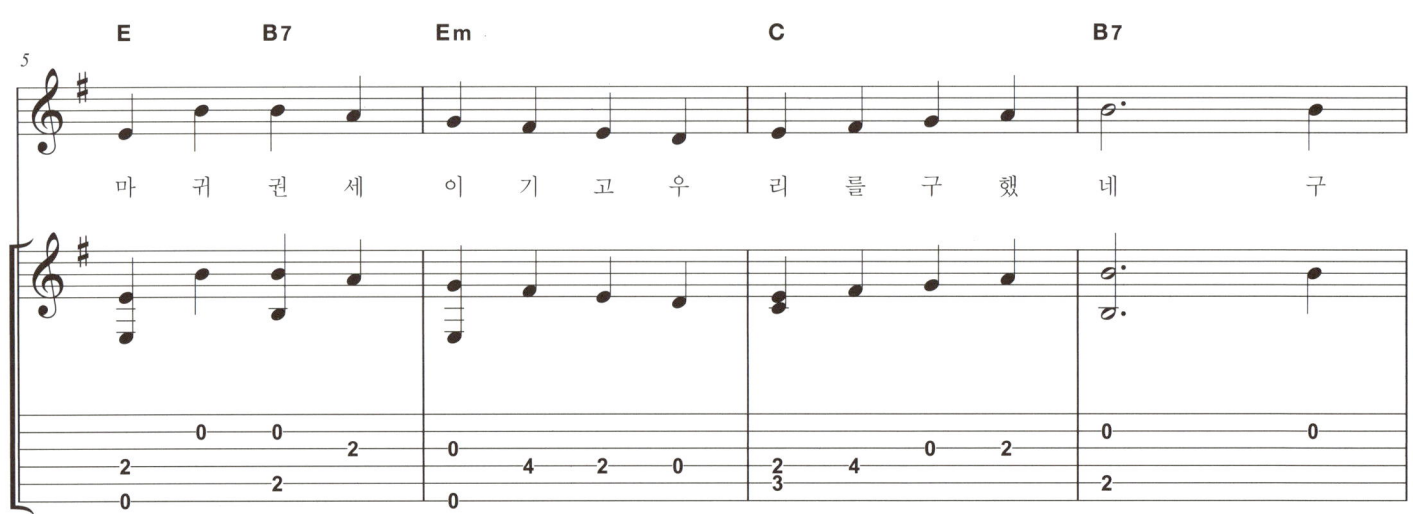

마 귀 권 세 이 기 고 우 리 를 구 했 네 구

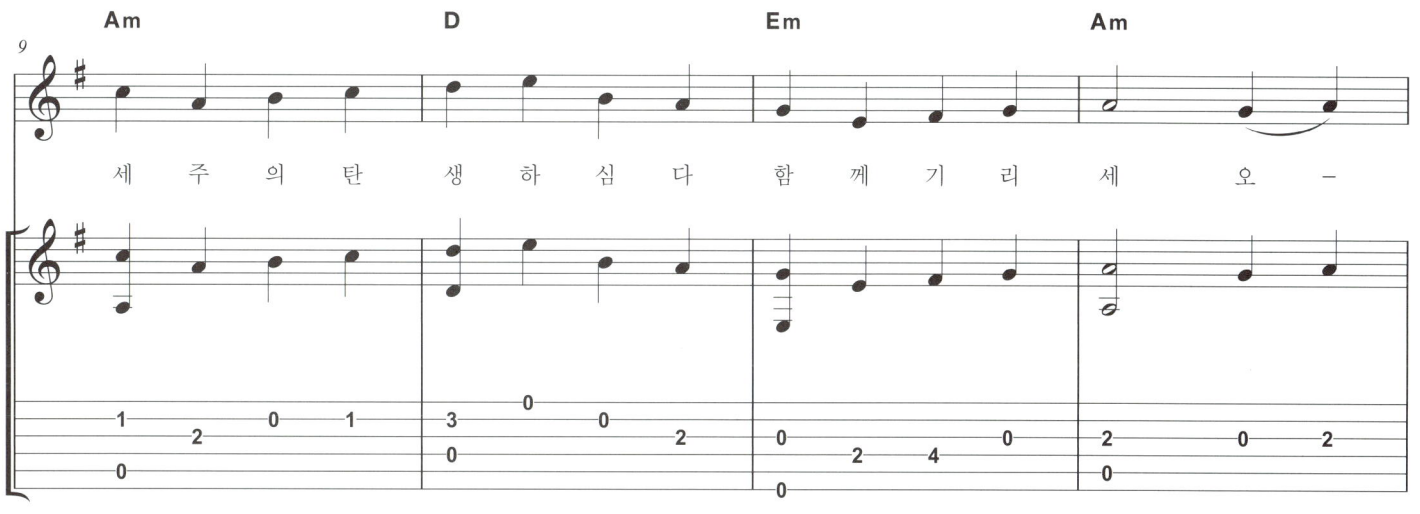

세 주 의 탄 생 하 심 다 함 께 기 리 세 오 —

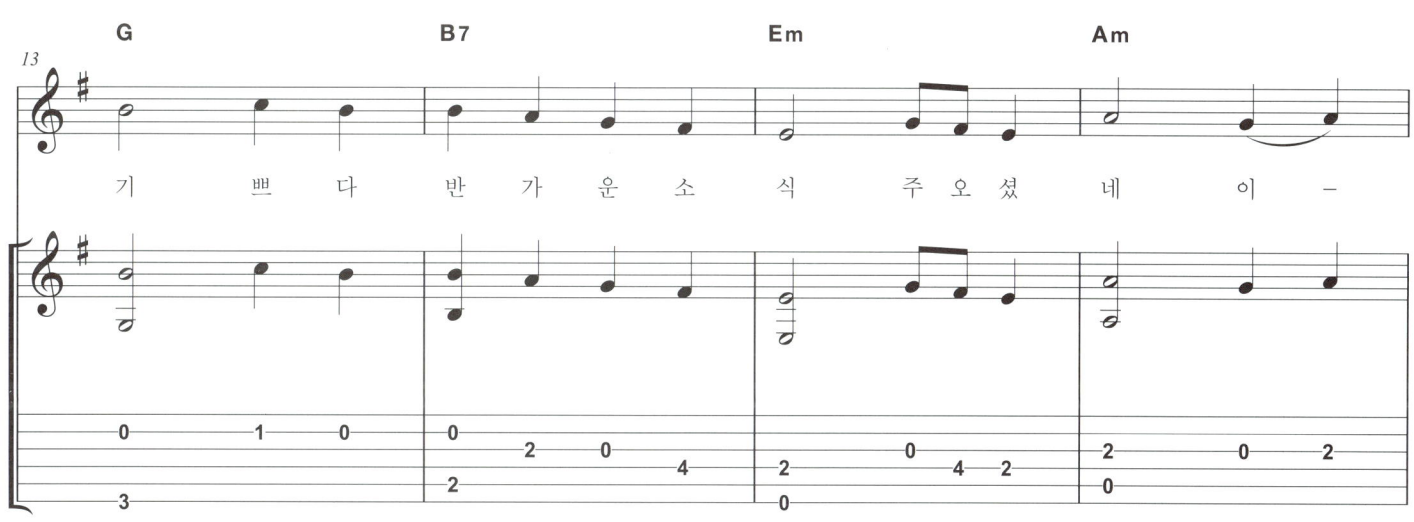

기 쁘 다 반 가 운 소 식 주 오 셨 네 이 —

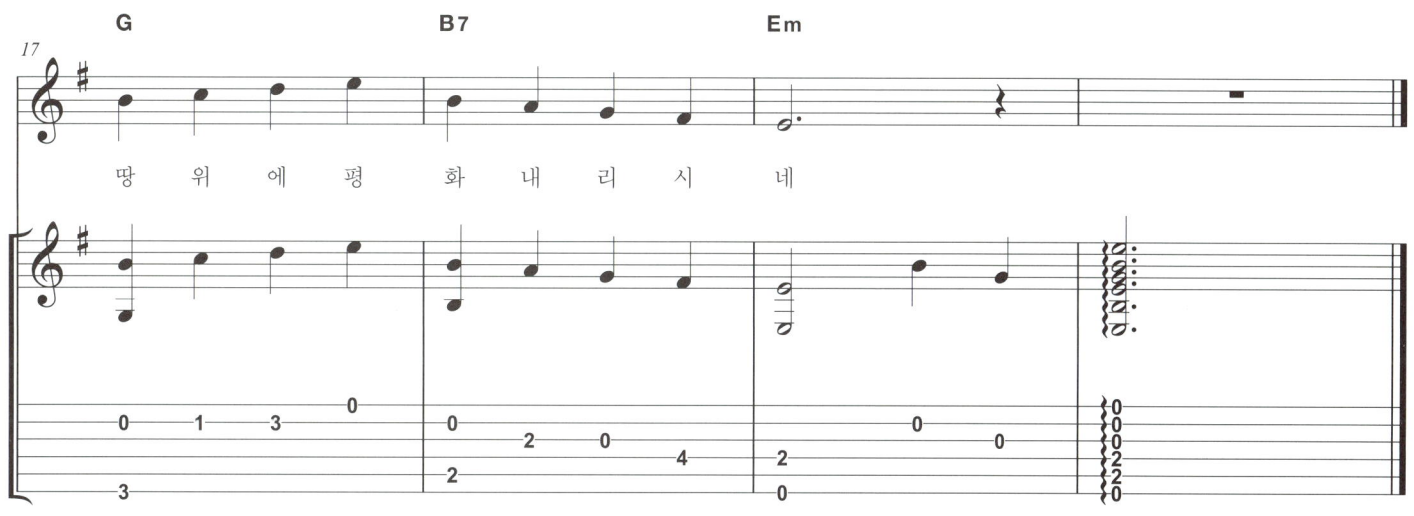

땅 위 에 평 화 내 리 시 네

28. 천사들의 노래가
Angles We Have Heard On High

♩ = 80

Traditional English Carol

천 사 들 의 노 래 가

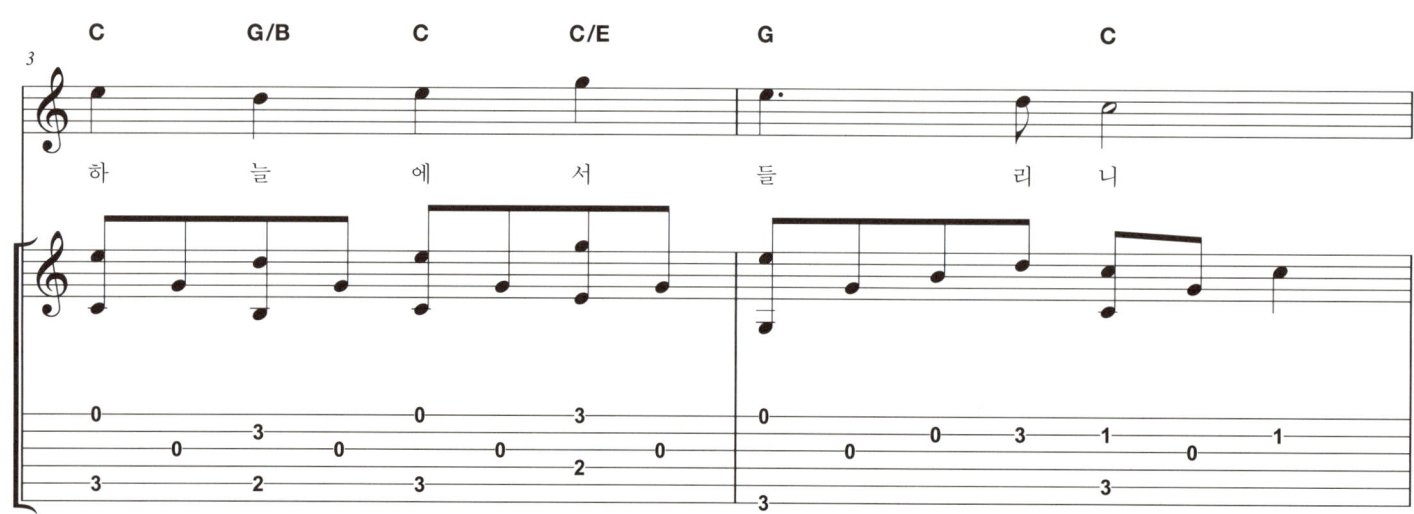

하 늘 에 서 들 리 니

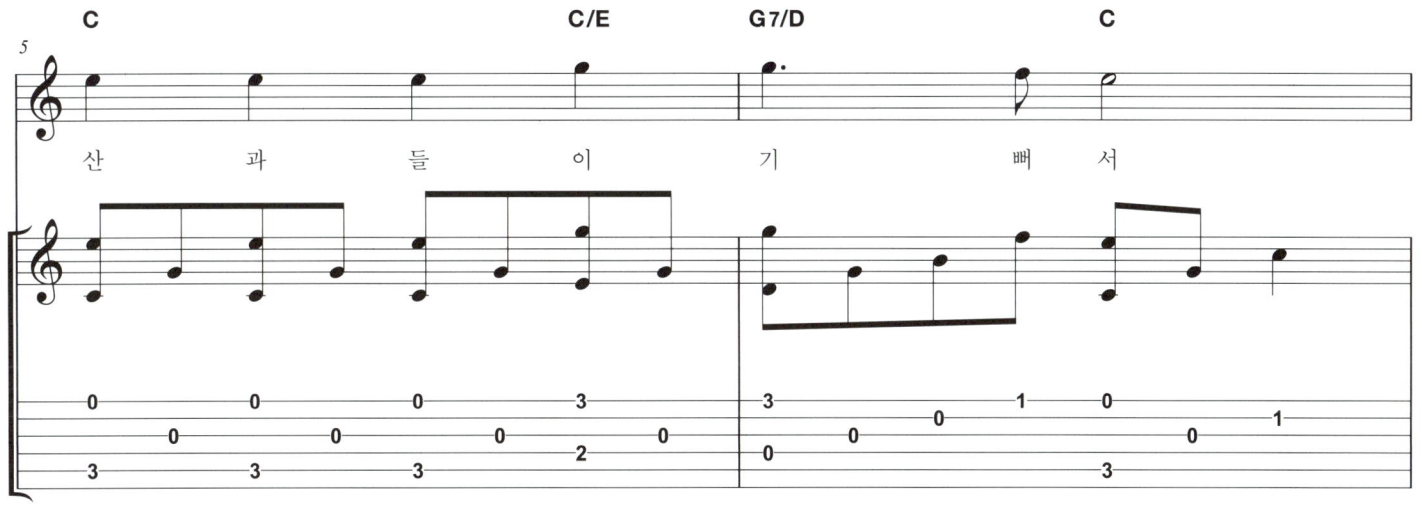

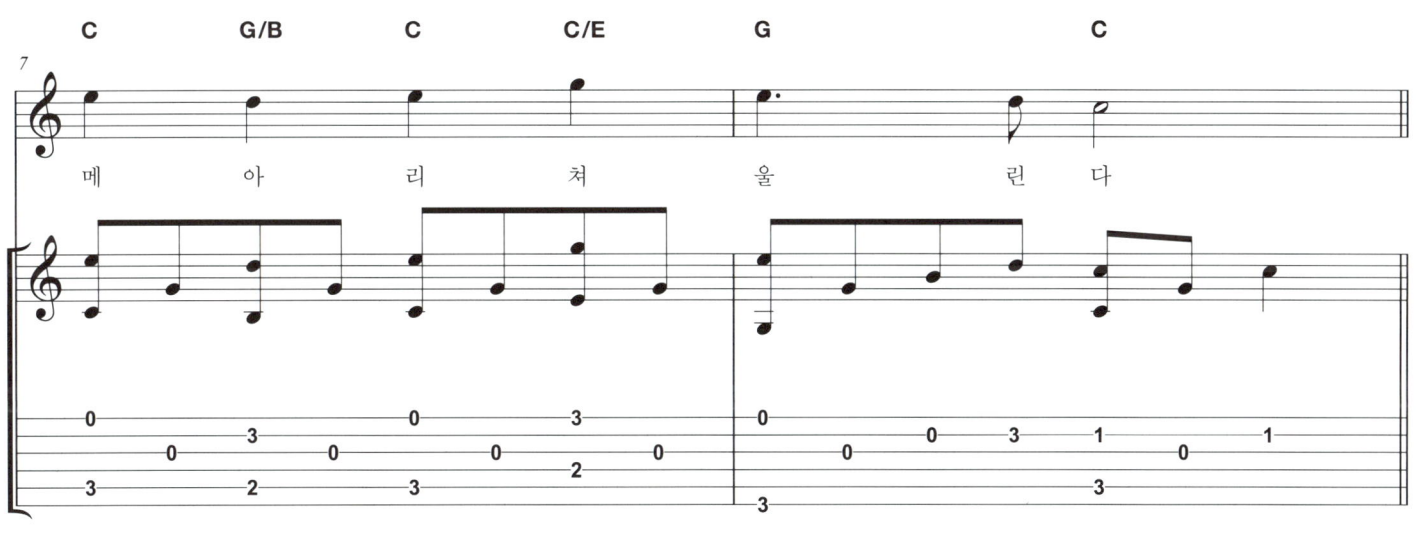

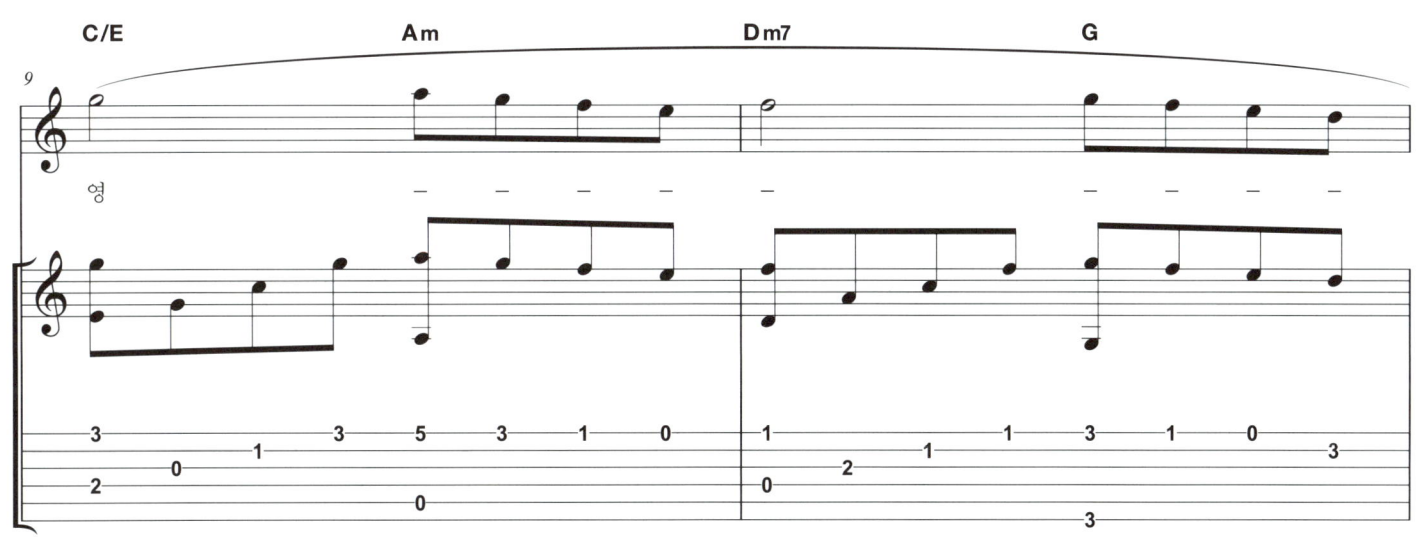

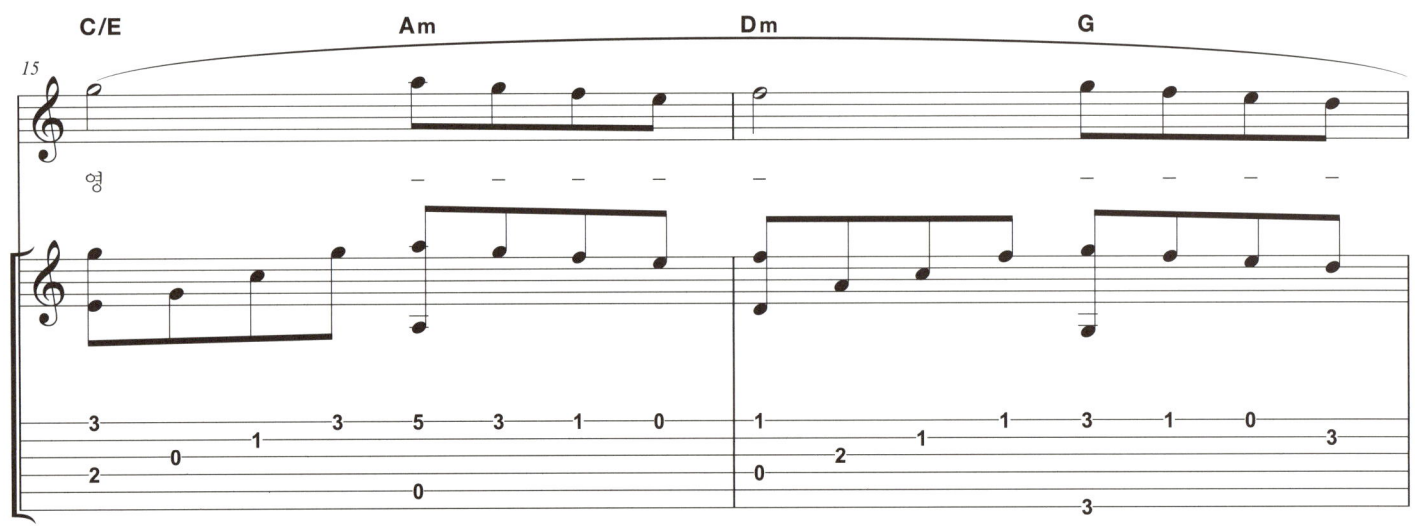

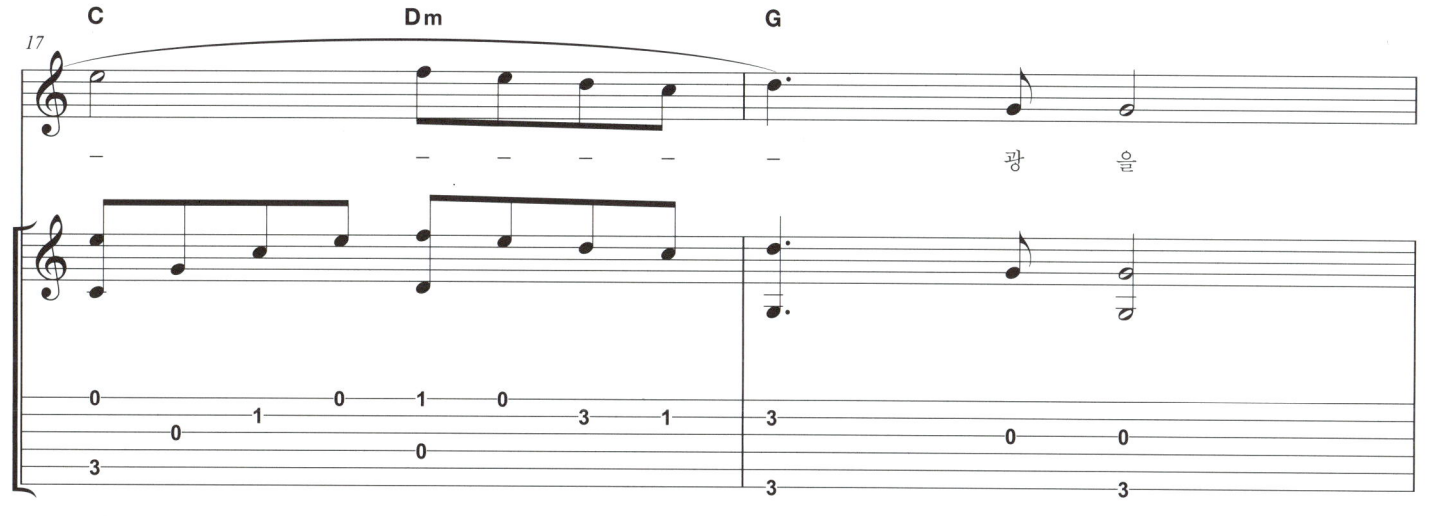

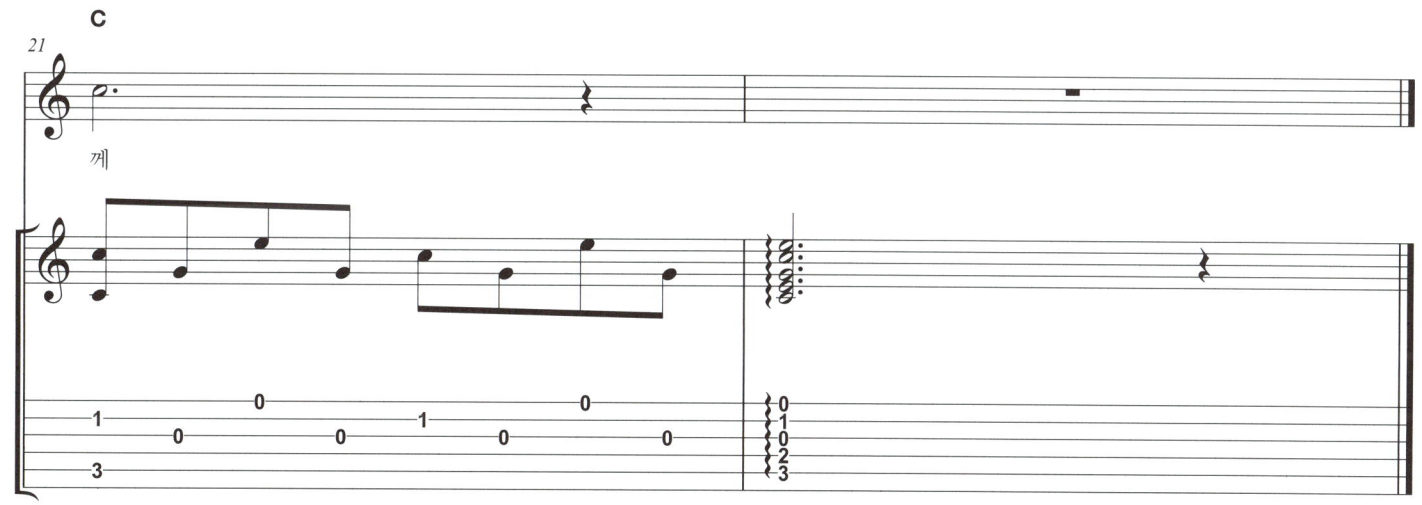

29. 산타 할아버지

김성균 작사
김성균 작곡

♩ = 132

산 타 할 아 버 지 썰 매 타 고 오 시 면 얼 마 나 좋 을

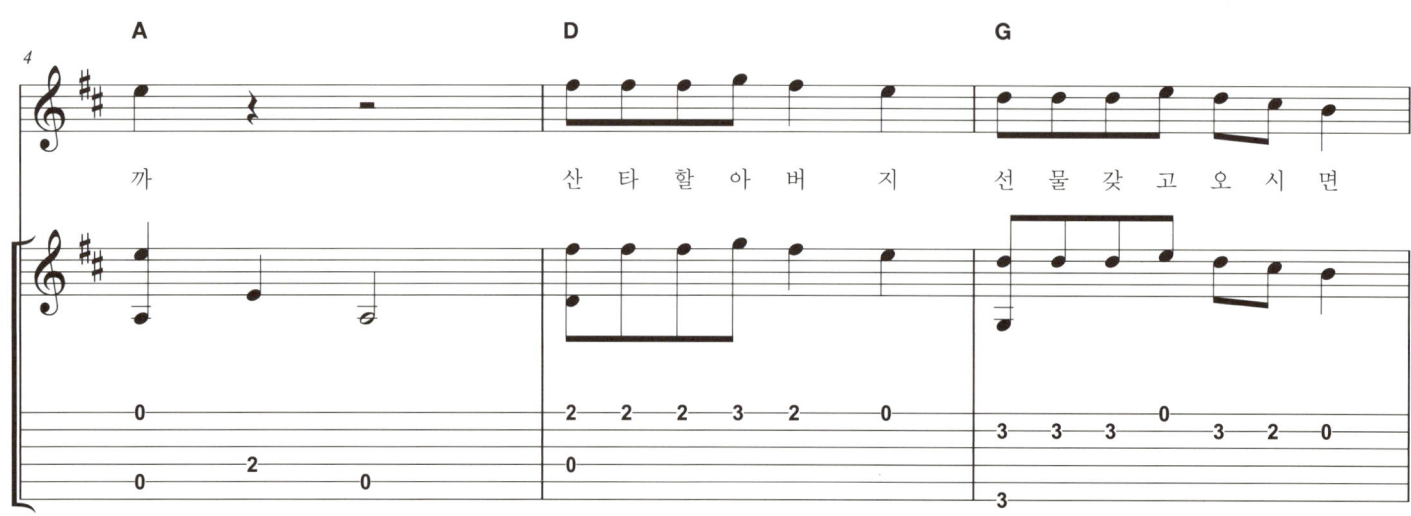

까 산 타 할 아 버 지 선 물 갖 고 오 시 면

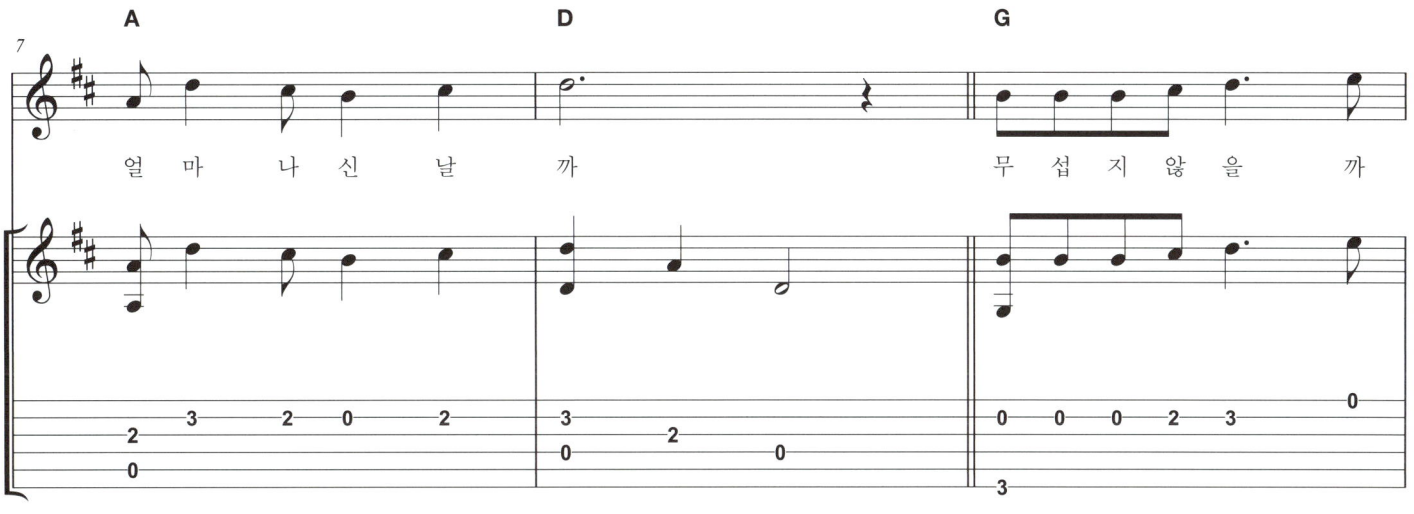

얼 마 나 신 날 까   무 섭 지 않 을 까

산 타 할 아 버 지   긴 수 염 흰 눈 썹   괜 찮 을 까

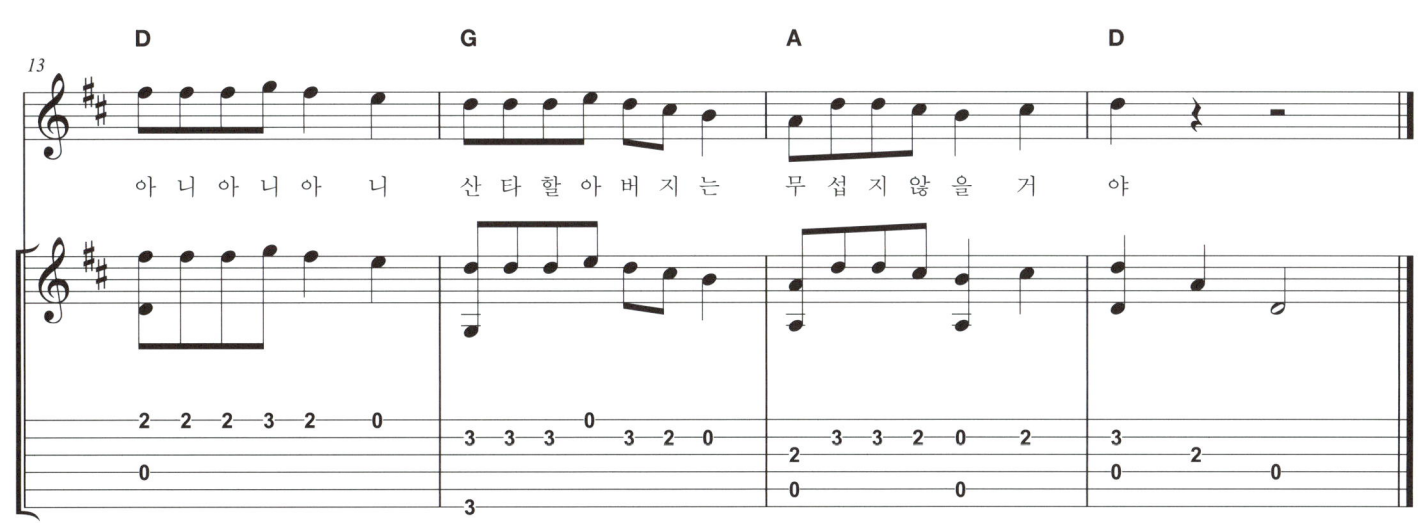

아 니 아 니 아 니   산 타 할 아 버 지 는   무 섭 지 않 을 거 야

크레페의
핑거스타일
캐롤기타 연주곡집

발행인	최우진
편저자	윤희경
편 집	원태경
디자인	방상호
영 업	현석호
관 리	김정숙
발행처	(주)스코어 대표 정상우
등 록	2012년 6월 7일 제 313-2012-196호
ISBN	978-89-98522-95-7(13670)

주 소	서울시 마포구 동교로 13길 34 (121-896)
전 화	02)333-3705
팩 스	02)333-3745
	www.allmusicscore.com
	www.openhousebooks.com

판매원	오픈하우스